PAULO SCHMIDT
JOSÉ LUIZ DOS SANTOS
MARCO ANTÔNIO DOS SANTOS MARTINS

CONTROLADORIA

ANÁLISE DE DESEMPENHO

ATUALIZADO ATÉ O RIR/19

Porto Alegre, 2020

READER

S453c Schmidt, Paulo

Controladoria: análise de desempenho: atualizado até o RIR/19 / Paulo Schmidt; José Luiz dos Santos e Marco Antônio dos Santos Martins. – Porto Alegre: Reader, 2020.

86 p.

ISBN: 9786586780277 (impresso)

ISBN: 9786586780260 (digital)

1. Controladoria. 2. Avaliação de desempenho. 3. Capital intelectual. 4. Benchmarking. I. Santos, José Luiz dos. II. Martins, Marco Antonio dos Santos.

CDU 657.05

Catalogação na fonte: Bibliotecária Josiane Fonseca da Cunha - CRB 10/1674

SUMÁRIO

1 MODELOS DE AVALIAÇÃO DE DESEMPENHO 4
1.1 Aspectos gerais 4

2 MODELO DE MELHORIA DA PERFORMANCE DE SINK E TUTTLE 7
2.1 Aspectos gerais 7
2.2 Principais considerações do modelo 8
2.3 Mensuração do desempenho 10

3 MODELO *QUANTUM* DE MEDIÇÃO DE DESEMPENHO DE HRONEC 14
3.1 Aspectos gerais 14
3.2 Desempenho quantum 15
3.3 Modelo quantum 17

4 MODELO DOS TRÊS NÍVEIS DO DESEMPENHO DE RUMMLER E BRACHE 24
4.1 Aspectos gerais 24
4.2 Modelo rummler e brache 24
4.3 Variáveis de desempenho 29

5 CAPITAL INTELECTUAL 35
5.1 Aspectos gerais 35
5.2 Classificação do capital intelectual 35
5.3 Modelo de mensuração do capital intelectual skandia 38
5.4 Conceito e composição do capital intelectual 41
5.5 Gestão do capital intelectual 43

6 MODELO DA TEORIA DAS RESTRIÇÕES DE GOLDRATT (TOC) 50
6.1 Aspectos gerais 50
6.2 Medições do resultado 50
6.3 Melhoria contínua 52

7 MODELO TQM (GESTÃO DA QUALIDADE TOTAL) 53
7.1 Aspectos gerais 53
7.2 Processo no TQM 54
7.3 Abordagem TQM 54

8 BENCHMARKING 56
8.1 Aspectos gerais 56
8.2 Definição de benchmarking 56
8.3 Tipos de benchmarking 57
8.4 Planejando o benchmarking 58
8.5 Medição de desempenho 62
8.6 Integração do benchmarking e da mensuração 63
8.7 Gráficos de análise de lacunas (benchmarking x realizado) 64
8.8 Plano de ação – fonte das mudanças 66
8.9 Recalibragem das medidas de desempenho 68

REFERÊNCIAS 69

1 MODELOS DE AVALIAÇÃO DE DESEMPENHO

1.1 Aspectos gerais

Estudiosos de controladoria procuram demonstrar que as empresas mais preparadas para enfrentar o ambiente competitivo atual são aquelas que possuem um sistema integrado e harmônico de gerenciamento apoiado na formulação de estratégias, no planejamento da execução das estratégias, na medição de desempenho em todas as fases da implementação da estratégia, com um sistema de controle suficientemente eficiente para detectar e analisar rapidamente os desvios para, em seguida, retroalimentar o sistema para corrigir os rumos.

Embora essa tarefa seja complexa, o grau de complexidade tende a ser reduzido quando se faz uma abordagem estruturada utilizando uma análise lógica e racional.

O sistema de medição de desempenho surge como uma ferramenta capaz gerar instrumentos lógicos, padronizados e sistêmicos para racionalizar o processo de gestão.

Diante desse cenário serão apresentados vários modelos de mensuração de desempenho, destacando, conforme Pidd (1998), que um modelo é uma tentativa de representação externa e explícita de parte da realidade, vista pela pessoa que deseja usar aquele modelo para entender, mudar e controlar parte daquela realidade.

A partir dessa definição observa-se que nenhum modelo pode ser completo, pois senão ele seria a própria realidade. Também a análise racional não é a única consideração a ser feita para uma tomada de decisão acertada. Finalmente, os modelos não precisam ser perfeitos para serem úteis. Segundo Pidd (1998), as razões para a construção e uso de um modelo são as de alavancar o pensamento humano e sua capacidade de análise, tornando-se, por assim dizer, uma ferramenta de análise que leve ao entendimento e, consequentemente, facilite a tomada de decisão.

O teste mais importante de qualquer informação será a utilidade, que é determinada pela relevância quanto a seus próprios objetivos, sua oportunidade, sua precisão e sua forma de apresentação (MIRANDA; SILVA, 2002).

Segundo Sink e Tuttle (1993), o melhor sistema de medição é uma combinação adequada de aspectos qualitativos e quantitativos, subjetivos e objetivos, intuitivos e explícitos, físicos e lógicos, conhecidos e desconhecidos, entre outros.

Um modelo balanceado para avaliação de desempenho deve considerar a formulação dos indicadores as formas de controle empregadas na organização, assim como a interação dessas com o planejamento estratégico, estilo administrativo dos gestores e cultura organizacional (KAPPEL; GABRIELI; CORTIMIGLIA, 2002).

Conforme Miranda e Silva (2002), um dos maiores desafios na implantação de um sistema de avaliação de desempenho é a definição de quais indicadores melhor atendem às necessidades de informação dos gestores. Para eles, não existe nenhuma receita para escolher os melhores indicadores de desempenho, importando sim demonstrar a realidade que se pretende conhecer com mais transparência.

Em resposta à problemática e aos antigos paradigmas de medição de desempenho, vários autores conceberam seus modelos de solução, parcial ou total, que são, segundo Miranda e Silva (2002), sistemas integrados de medição de desempenho com objetivos e foco bem definidos.

Dos vários modelos de acompanhamento de desempenho desenvolvidos para suportar os sistemas de gestão empresarial, serão listados, sucintamente, aqueles que possuem maior fundamentação teórica e já são utilizados nas organizações, bem como apresentam uma proposta de visão integrada entre a formulação, desdobramento e implementação da estratégia.

• É importante destacar ainda que os modelos listados não são necessariamente excludentes, podendo inclusive, em muitos casos serem considerados complementares na construção de um sistema de mensuração de desempenho. Assim, após considerar as várias propostas e modelos estudados, bem como de já haverem sido apresentados em outra obra, os modelos mais famosos como o EVA – *Economic Value Added* e o BSC - Modelo do *Balance Scorecard*, optou-se em apresentar nessa obra os seguintes modelos:

- CI – Capital Intelectual;
- Modelo de Gerenciamento Total da Melhoria Contínua (*Total Improvement Management – TIM)* de Harrington;
- Modelo Quantum de Medição de Desempenho de Hronec;
- Modelo dos Três Níveis do Desempenho de Rummler e Branche;
- Modelo de Melhoria da Performance de Sink e Tuttle;
- TQM – Gestão da Qualidade Total;
- Modelo de *benchmarking*.

2 MODELO DE MELHORIA DA PERFORMANCE DE SINK E TUTTLE

2.1 Aspectos gerais

O modelo proposto por Sink e Tuttle (1993) está centrado no planejamento e medição do desempenho para o gerenciamento da performance de uma organização. A proposta está suportada na necessidade de uma estratégia abrangente e bem integrada. Eles estabelecem um modelo de acompanhamento organizacional a partir da medição de sete critérios de performance, a saber: eficácia, eficiência, qualidade, produtividade, qualidade de vida de trabalho, inovação e lucratividade. Os autores propõem um modelo para a definição dos parâmetros que possibilitam a avaliação do desempenho de um sistema organizacional, o qual se encontra representado na Figura 2.1.

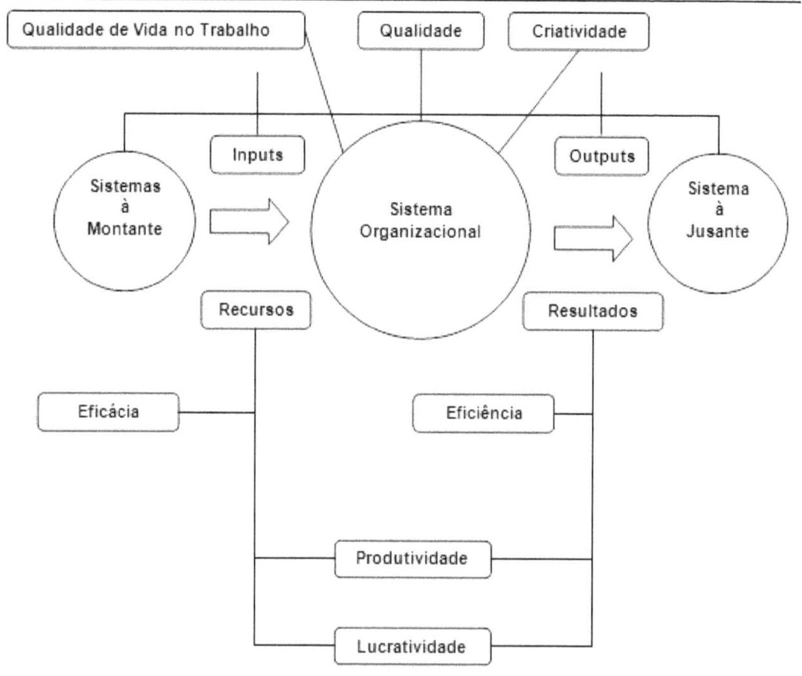

Figura 2.1 Desempenho do sistema organizacional
Fonte: Rosa (1993, p. 2)

2.2 Principais considerações do modelo

As principais considerações a respeito dos critérios de performance propostos por Sink e Tuttle (1993) são:

- Eficácia: Para Rosa (2003) o grau de eficácia de um sistema deve traduzir a forma pela qual ele realiza aquilo a que se propôs, bem como refletir os objetivos corretos por ele alcançados. Dentro desse contexto, pode-se conceituar eficácia como sendo a realização efetiva das tarefas certas, pontualmente e dentro dos requisitos de qualidade especificados.

Sink e Tuttle (1993) estabelecem como medida operacional para a eficácia a relação entre os resultados obtidos e os propostos, enfatizando que tal quociente deve ser analisado ao longo dos anos.

- Eficiência: Segundo Sink e Tuttle (1993) é a relação entre consumo previsto de recursos e consumo efetivo de recursos: se maior que um, o sistema foi mais eficiente do que se esperava, uma vez que consumiu menos recursos do que o previsto; se menor que um, o sistema foi menos eficiente.

Já Campos (1992) confere à eficácia um sentido estratégico, e para a eficiência, uma conotação operacional.

- Produtividade: Para Sink e Tuttle (1993) é a relação entre os *outputs* gerados por um dado sistema e os *inputs* que propiciaram a geração desses *outputs*.

Para Campos (1992) produtividade pode ser entendida como sendo a relação entre faturamentos e custos, gerados por um dado sistema, no mesmo intervalo de tempo. Segundo ele a produtividade representa o valor agregado, consequentemente, para aumentar a produtividade, o sistema deve agregar o máximo de valor aos bens e serviços produzidos ao menor custo, garantindo com isso a máxima satisfação da sociedade.

- Qualidade: Para Rosa (2003) é a forma pela qual a organização pode garantir a satisfação do consumidor externo, a qual se origina da satisfação de seus próprios consumidores internos. O gerenciamento da qualidade total deve ter como meta o aprimoramento contínuo dos níveis de qualidade, objetivando a eliminação de defeitos. Além disso, deve monitorar o processo e registrar o seu desempenho, analisando seu comportamento ao longo do tempo.

- Qualidade de vida no trabalho: Segundo Sink (1985) caracteriza-se pela resposta ou reação afetiva das pessoas do sistema organizacional. A forma como as pessoas se sentem a respeito dos fatores que consideram importantes para sua organização é fundamental para o desempenho do sistema organizacional, estando evidenciada uma forte relação entre qualidade de vida no trabalho e desempenho do sistema operacional.
- Inovação: Sink e Tuttle (1993) entendem que é o processo criativo capaz de mudar aquilo que o sistema organizacional faz e o modo de fazer, permitindo mudanças na estrutura da organização, na tecnologia, nos produtos, nos serviços, nos métodos de procedimentos, nas políticas e outros aspectos julgados necessários. Tal flexibilização do sistema tem por objetivo o surgimento de reações, com êxito, às pressões, oportunidades, desafios e ameaças internas e externas.
- Lucratividade: Para Sink e Tuttle (1993) esse critério pode ser entendido como sendo a relação existente entre o resultado financeiro alcançado pelo sistema organizacional e os custos que propiciaram alcançá-lo.

Slack (1993) comenta que o custo é um elemento de desempenho que causa impacto direto no resultado financeiro da organização, sendo que a melhoria da qualidade, tempos de entrega menores, pontualidade nas entregas e flexibilidade operacional também colaboram para resultados financeiros melhores.

De forma geral; podemos dizer que a alta produtividade da organização está vinculada a baixo preço e/ou alta margem. De acordo com Rosa (2003) os parâmetros de desempenho apresentados interagem entre si, havendo superposições entre eles, por exemplo, a eficácia incorpora atributos da qualidade, a produtividade inclui qualidade etc., sendo que cada empresa dará diferentes pesos a cada um dos parâmetros de acordo com as peculiaridades da organização. Enfatiza ainda que os parâmetros de desempenho formam um conjunto de informações necessárias para que as equipes gerenciais façam uma administração adequada do sistema organizacional.

Nesse sentido, Machado e Rotondaro (2003) comentam que se a abordagem gerencial for adequada à organização, o processo de mensuração surge naturalmente como parte do processo gerencial.

2.3 Mensuração do desempenho

Na visão de Sink e Tuttle (1989) o conceito de mensuração do desempenho deve contemplar necessariamente a criação de uma visão do futuro da organização, o planejamento e a criação de estratégias para lograr esse futuro, o planejamento e a implementação de meios específicos para atingir objetivos de mudanças, o planejamento e a implementação de um sistema de mensuração de desempenho associado a esses objetivos e o desenvolvimento de uma cultura organizacional que apoie o sistema de mensuração.

A mensuração do desempenho da qualidade na proposta de Sink e Tuttle (1989) deve cobrir toda a cadeia produtiva da organização. Para expressar essa visão, eles se valem de uma concepção sistêmica da organização, na qual identificam cinco elementos: o sistema à jusante, a entrada, a transformação, a saída e o sistema à montante. A esses elementos eles associam seis classes de indicadores de desempenho da qualidade, um para cada elemento da cadeia produtiva e o sexto ao próprio processo de gestão da qualidade. Cada classe contempla os seguintes aspectos:

- **Indicadores da qualidade classe 1:** associados ao sistema a jusante da organização, lidam com aspectos do desenvolvimento de novos produtos e serviços e seleção de fornecedores.
- **Indicadores da qualidade classe 2:** associados à entrada do processo produtivo da organização, apontam para os aspectos da programação e do controle da produção e dos estoques de matérias-primas. Sua função é indicar se o processo estará ou não sob controle.
- **Indicadores da qualidade classe 3:** associados à transformação, ou seja, a produção em si, é a forma mais clássica de controle da qualidade de processos e indicará se os requisitos da qualidade estão sendo incorporados aos produtos e serviços.

• **Indicadores da qualidade classe 4:** associados à saída do processo produtivo, são os processos de inspeção e verificação da produção, armazenagem e distribuição.

• **Indicadores da qualidade classe 5:** associados ao sistema a montante da organização, lidam com o atendimento às expectativas e necessidades do cliente, são indicadores proativos que subsidiam todo o sistema a jusante.

• **Indicadores da qualidade classe 6:** associados a todo o sistema produtivo, monitoram a qualidade do processo gerencial da organização.

A modelagem descrita está evidenciada na Figura 2.2 de forma esquemática.

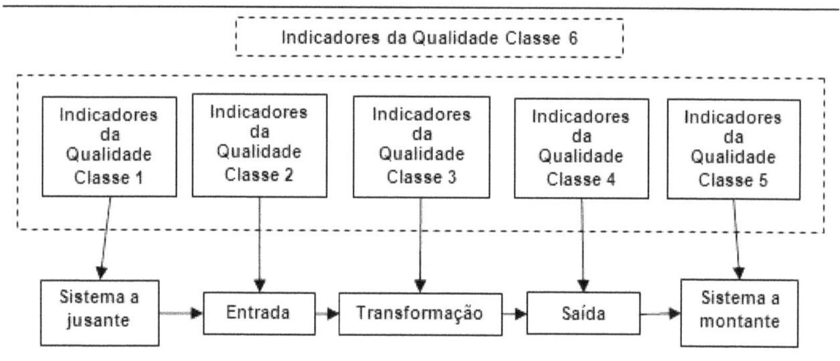

Figura 2.2 Conjunto de indicadores da qualidade
Fonte: Machado Jr. e Rotondaro (2003, p. 221)

O funcionamento do modelo de mensuração de desempenho proposto por Sink e Tuttle pode ser observado na Figura 2.3 em que se tem uma visão geral do modelo.

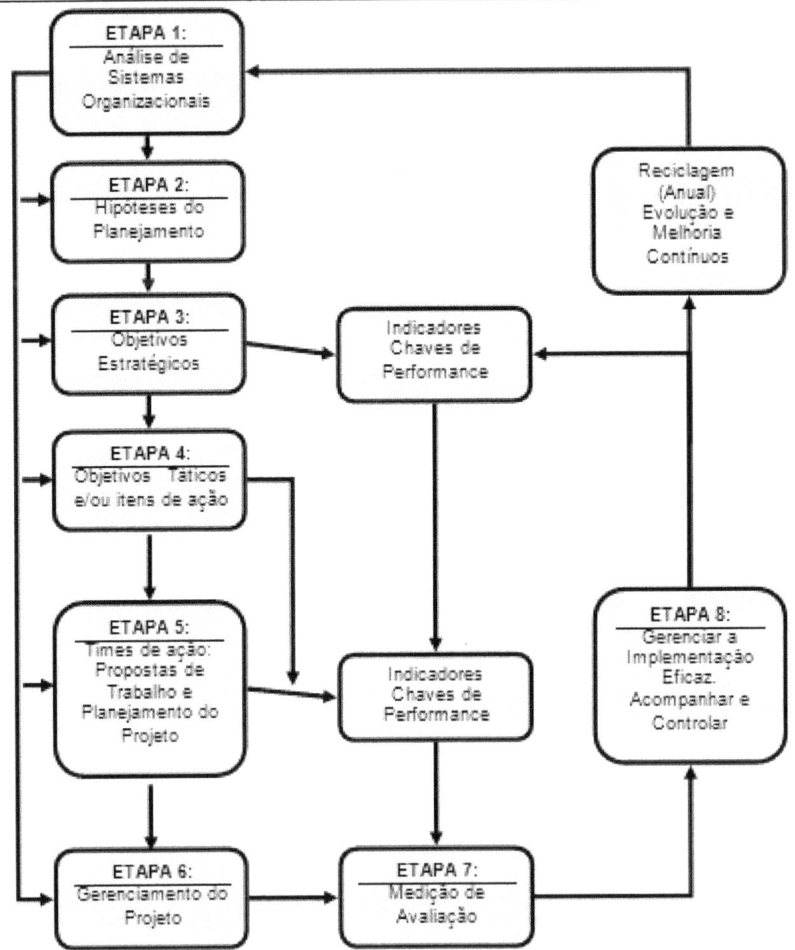

Figura 2.3 Visão geral do modelo de Sink e Tuttle
Fonte: Sink e Tuttle (1993, p. 40)

O modelo de Sink e Tuttle é representado como um sistema de *feedback* em ciclo fechado composto de oito etapas, sendo projetado para vislumbrar a organização do futuro, que tem o compromisso de sobreviver, crescer e competir por meio da melhoria dos níveis de performance.

O modelo inicia-se com a visão da organização do futuro e o estabelecimento dos objetivos estratégicos, passa por um processo de medição dos indicadores chaves de performance, chegando até a obtenção de *feedback* para o gerenciamento da implementação estratégica.

Para os autores, o desdobramento dos objetivos estratégicos é realizado por meio de um processo participativo com os funcionários mais experientes da organização, com o auxílio de uma técnica denominada grupo nominal, que vem a ser semelhante a um *brainstorming* estruturado.

Já o entendimento e a divulgação do plano de ação estão, para Sink e Tuttle (1993), implícitos e se dão por ocasião do processo participativo na fase de desdobramento dos objetivos estratégicos. Esse ponto, para muitos, pode ser considerado um dos pontos mais frágeis evidentes no modelo, restringindo o conhecimento e comprometimento ao comitê de planejamento e equipe de implantação.

Por outro lado, Sink e Tuttle (1993) destacam que é possível evidenciar que o modelo tem um aspecto importante e que se sobressai em relação a maioria dos modelos, na medida em que busca o acompanhamento da implantação da estratégia, com auxílio de indicadores medidos nos sete critérios de performance citados anteriormente.

3 MODELO *QUANTUM* DE MEDIÇÃO DE DESEMPENHO DE HRONEC

3.1 Aspectos gerais

Essa metodologia de medição de desempenho tem origem no livro "Sinais Vitais" escrito no início da década de 90 por Steven M. Hronec, sócio da empresa de consultoria Arthur Andersen, onde apresentava uma analogia entre o sistema empresa e o sistema corpo humano.

Hronec (1994) aborda em sua problemática as mudanças ambientais e seus reflexos nas empresas, procurando enfatizar o papel da medição de desempenho como forma de melhor enfrentar essa problemática, na medida em que, ao longo de suas experiências, constatou que a maioria das empresas não media adequadamente o que deveria medir. Além disso, o uso de indicadores de desempenho proporciona inúmeros benefícios, destacando os seguintes: a medição de desempenho tende a aumentar a satisfação dos clientes; existência de monitoramento do processo, pois o uso de medidores adequados proporciona a melhoria contínua dos processos; o uso de *benchmarking* de processos e atividades permite e facilita comparações, possibilitando focalizar os melhores processos e identificar os que precisam ser melhorados; e, por último, o uso de indicadores, dentro de um sistema de avaliação sistemático, tem se demonstrado o modo mais efetivo e menos dispendioso de mudar o comportamento humano dentro das organizações, na medida em que os indicadores de desempenho corretos auxiliam a definir claramente e recompensar novos comportamentos.

Paradoxalmente, segundo ele, na grande maioria das empresas o último fator a ser mudado é o sistema de medição de desempenho. No entanto, considerando seu enorme poder de alavancagem de mudança este deveria ser o primeiro ponto a ser mudado. Enfatiza ainda que a ausência de indicadores e/ou a utilização de indicadores inadequados acabam agindo como uma barreira à mudança e à melhoria.

Hronec (1994) destaca ainda que o processo de comunicação - processo, em geral, altamente deficiente nas empresas - é de suma importância para o processo de implantação de um sistema de medição de desempenho. Ele exemplifica que a alta administração das empresas consome muito tempo na declaração da missão e se afasta do desenvolvimento do conjunto de indicadores de desempenho. Para o autor os indicadores devem derivar da "visão de futuro da organização" e atingir 100% de entendimento em toda a empresa dos conceitos e objetivos. Porém, com um processo de comunicação deficiente as pessoas não usam as mesmas definições, não seguem as mesmas regras e nem têm os mesmos limites. Na construção de indicadores associados à estratégia todos usam as mesmas definições.

3.2 Desempenho quantum

Ao explicar o título de sua obra, Hronec (1994) caracteriza os indicadores de desempenho como um painel onde estão expressos os sinais vitais da organização. Dentro dessa lógica, os medidores de desempenho são capazes de informar às pessoas o que elas estão fazendo e como estão desempenhando sua tarefa não só individualmente, mas como parte de um todo. Enfatiza ainda que os indicadores de desempenho se constituem em um excelente instrumento de comunicação para disseminar a estratégia para os níveis hierárquicos inferiores, os resultados dos processos para os escalões superiores, bem como informar o controle e a melhoria dentro dos próprios processos.

Dessa forma, indicador de desempenho é a quantificação de quão bem as atividades dentro de um processo ou seu *output* atingem uma meta especificada. Devem ser desenvolvidos de cima para baixo, precisando interligar as estratégias, recursos e processos.

Hronec (1994) apresenta em seu modelo a distinção entre Medidas de Desempenho do Processo e do *output*, colocando que os primeiros servem para induzir a melhoria, a exemplo do tempo de *set up*, tempo de ciclo e tempo de resposta ao cliente, e os últimos para manter o escore, a exemplo do lucro líquido do período, lucro/ação, satisfação do cliente e flexibilidade organizacional.

Dentre as características importantes colocadas por ele estão o efeito cascata - a medida do processo de uma unidade pode ser a medida do *output* para a unidade imediatamente inferior - e a visão horizontal - as medidas de desempenho devem imitar elas próprias o processo, não podendo, muitas vezes, ser atingidas por um departamento isoladamente.

O modelo *Quantum de* Hronec (1994) busca o monitoramento dos processos, a satisfação dos clientes, o *benchmarking* de processos e a geração de mudanças por intermédio da medição do desempenho nas três dimensões: qualidade, tempo e custo. O relacionamento da dimensão de custo com a dimensão qualidade gera a satisfação correspondente ao valor para o cliente. E o relacionamento entre as dimensões qualidade e tempo atende às expectativas do cliente quanto à excelência no serviço.

Nesse modelo, uma empresa que for competitiva em custo e qualidade apresenta um grande valor para seus clientes, da mesma forma que outra que seja forte em qualidade e tempo apresenta um bom nível de serviço aos clientes.

Desempenho Quantum é, enfim, o nível de realização que otimiza o valor e o serviço da organização para seus interessados. A meta é a otimização geral, em oposição à otimização de apenas um fator, um departamento ou uma função. Custo (a economia da organização), qualidade (as expectativas dos clientes) e tempo (as demandas sobre os processos) devem ser melhorados simultaneamente.

Esses relacionamentos são ilustrados na Figura 3.1.

Figura 3.1 Família de medidas de desempenho Quantum
Fonte: Hronec (1994, p. 17)

Hronec (1994) sugere a utilização de uma Matriz Quantum, demonstrada na Figura 3.2 que contempla a medição de desempenho nas dimensões apresentadas anteriormente em cada um dos seguintes níveis:

- organização: medição voltada para o output e após o fato;
- processo: medição intermediária;
- humano: medição acionável e imediata.

	Desempenho Quantum		
	Valor		Serviço
	Custo	Qualidade	Tempo
Organização			
Processo			
Pessoas			

Figura 3.2 Matriz Quantum
Fonte: Adaptado de Müller (2004, p. 169)

3.3 Modelo quantum

O Modelo Quantum está estruturado a partir de quatro elementos principais: os geradores (estratégia), os facilitadores (comunicação, recompensas, treinamento e *benchmark*), processo em si (metas, processos, medidas de *output*, atividades-chave, medidas do processo e implementação) e a melhoria contínua, conforme se observa na Figura 3.3.

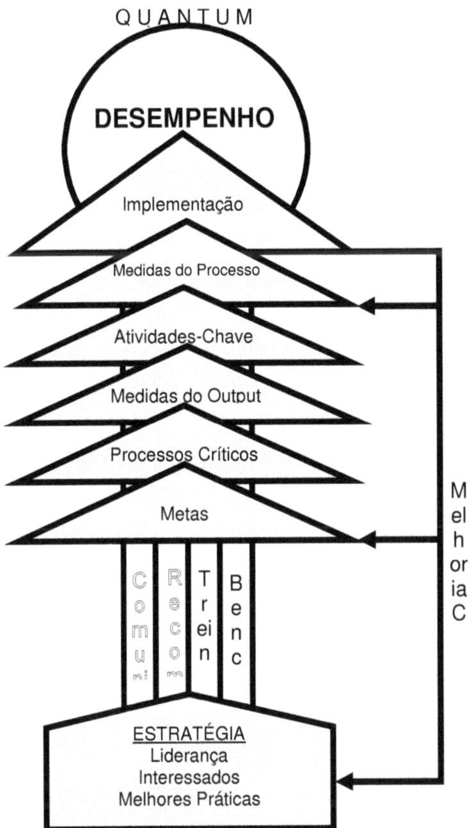

Figura 3.3 Modelo Quantum
Fonte: Hronec (1994, p. 22)

3.3.1 Geradores

A estratégia é o elemento gerador da necessidade de medição de desempenho, sendo influenciada pelo ambiente no qual a organização opera, incluindo concorrência, fornecedores, regulamentações governamentais etc. A liderança deve estar continuamente sondando o ambiente e ajustando a estratégia quando necessário, nessa fase três aspectos ganham destaque, segundo Hronec (1994).

Em primeiro lugar, ele destaca que as lideranças da empresa são os responsáveis diretos pelo sistema de gestão de desempenho.

Cabe às lideranças a tarefa de estabelecer metas e suportar o modelo. Nesse sentido, é de responsabilidade das lideranças da empresa exigir e fazer as mudanças necessárias para a implementação do modelo. O controle das estratégias exigirá a construção de um sistema de mensuração de desempenho.

O segundo ponto destacado por Hronec (1994) é a análise das necessidades dos *stakeholders* - indivíduos, grupos ou organizações afetadas pelos processos, produtos ou serviços de uma organização. Normalmente, as estratégias são montadas levando em consideração as necessidades e limitações decorrentes do relacionamento da empresa para com os *stakeholders*.

Assim, deve-se definir quem são os interessados e desenvolver uma estratégia ou um processo para entender sistematicamente o que eles desejam e esperam, bem como estabelecer as prioridades da empresa para melhor enfrentar esses desafios, considerando não somente a visão da empresa, mas também e principalmente, procurando identificar e trabalhar dentro das expectativas desses *stakeholders*.

Além disso, Hronec (1994) define que o estabelecimento de estratégias deve ser construído com a utilização das melhores práticas do ambiente, pois a adoção dessas melhores práticas acaba atuando positivamente, da seguinte forma:

- provocam a ruptura entre a organização e seu paradigma;
- ajudam a definir alvos e metas;
- proporcionam o modelo para a mudança;
- economizam tempo, dinheiro e recursos, apropriando-se de boas ideias, encurtando assim, a curva de aprendizagem;
- desestimulam arrogância ou complacência, problemas de liderança;
- mudam paradigmas – conjunto de regras e regulamentos, escritos ou não, que estabelece ou define fronteiras e diz como se comportar dentro das fronteiras, a fim de ser bem-sucedido.

3.3.2 Facilitadores

Os elementos facilitadores auxiliam na construção de um ambiente propício a mudanças, facilitando o processo de mudanças e a implantação do modelo. Hronec (1994) define quatro desses elementos que podem atuar como facilitadores para a implantação do modelo Quantum: a comunicação, o treinamento, as recompensas e o *benchmarking*.

O processo de comunicação deve ser bem mais amplo do que o tradicional processo "de cima para baixo", procurando transformar a comunicação em um processo mais pessoal possível, usando os canais formais e informais num processo mais horizontalizado.

O treinamento, por sua vez, deve ser adequado e sistematizado, pois as pessoas não vão executar corretamente tarefas se não forem treinadas para isso. O processo de treinamento tende a enfatizar as habilidades gerenciais de cada um e aliviar a ansiedade, na medida em que fornece às pessoas as habilidades e o conhecimento necessários para desempenharem corretamente as novas tarefas do novo ambiente. Ressalta ainda que é preciso adotar um sistema de recompensas. Recompensas são algo que se dá em troca de serviço ou realização, mas não é necessariamente dinheiro.

Alerta ainda que é preciso manter o ânimo e o entusiasmo de todos durante todo o tempo, pois é muito comum ver as empresas entusiasmando-se por novos projetos. Todavia, o entusiasmo dura somente enquanto o projeto é novidade, passando para segundo plano quando aparece qualquer outra novidade.

O sistema de recompensas permite à empresa motivar as pessoas a permanecerem "no curso" da mudança. Para isso, as recompensas têm de ser significativas para aqueles que sofrem o impacto das mudanças. A construção de um sistema de recompensas adequado é fundamental para que o projeto logre êxito no médio e longo prazo, pois os seres humanos tendem a reagir, positiva ou negativamente, aos incentivos que recebem.

Por último, a utilização de *benchmarking* mostra às empresas onde elas deveriam estar, mediante uma avaliação de sua posição "como é" até sua posição "como deve ser". É preciso olhar a seu redor e ver quão bem a empresa está desempenhando em relação à concorrência. Permite à empresa evoluir da melhoria simples, contínua, incremental, para o pensamento "fora do comum", extraordinário.

A mudança causa grande *stress* nas organizações. Para Hronec (1994), comunicação, treinamento, recompensa e *benchmarking* serão responsáveis por 80% do desenvolvimento, implementação e utilização dos novos indicadores. Os outros 20% serão específicos à empresa.

3.3.3 Implementação do Modelo

Para Hronec (1994) a implementação do Modelo Quantum obedece a um conjunto de etapas ordenadas da seguinte forma:

- **Metas geradas pela estratégia:** metas são resultados de desempenho desejado para o futuro. As metas servem para traduzir a estratégia da empresa em números, facilitando a operacionalização da estratégia. Além disso, as metas devem ser estabelecidas de forma a se tornarem desafiadoras para os colaboradores de todos os níveis da empresa. A definição de "meta desafiadora" é razoavelmente simples do ponto de vista conceitual, pois significa encontrar o equilíbrio entre um objetivo inatingível e um objetivo fácil demais de ser alcançado. Errar para um lado ou para outro tem o mesmo efeito desmotivador para a equipe de colaboradores. Embora conceitualmente seja fácil encontrar esse equilíbrio, no dia-a-dia empresarial é uma tarefa bem mais complexa, exigindo muita sensibilidade da equipe de estrategistas.
- **Identificar e entender os processos críticos:** a maior parte das empresas são organizadas e geridas com rigidez funcional, em que unidades, divisões, seções e departamentos operam de forma demasiadamente independente, tornando-se competidores e até adversários entre si. Todavia, os clientes são atendidos por meio de processos que, na grande maioria dos casos, permeiam por vários departamentos, unidades e seções. Se a administração insistir em focalizar apenas o desempenho funcional, com indicadores de desempenho focados apenas na estrutura funcional, os resultados globais tendem a ser sub-otimizados, pois cada função desenvolverá metas e medidas de desempenho independentemente, buscando atingir suas metas a qualquer custo, mesmo que isso signifique o sacrifício de outros departamentos que estão envolvidos no mesmo processo.

Assim, as medidas de desempenho devem reproduzir os processos críticos da organização, desvinculando-se da tradicional estrutura funcional. Para identificar e priorizar os processos críticos – aqueles que têm impactos diretos na realização da estratégia e, por consequência, nas metas da organização – é preciso examinar a organização a partir da ótica do cliente, procurando enxergar a organização com a visão dele. Os processos críticos são aqueles que têm impactos diretos na realização das estratégias e das metas da organização.

• **Empregar os indicadores de desempenho do *output*:** os indicadores do *output* relatam resultados de um processo, monitorando-os. As empresas têm de administrar as expectativas dos clientes:

a) Qualidade, as demandas sobre seus processos;

b) Tempo, e a economia da organização;

c) Custos, tudo ao mesmo tempo.

Hronec (1994) sugere as seguintes etapas para a definição das medidas de desempenho do output:

- identificar os clientes do processo;
- identificar e entender as expectativas dos clientes;
- filtrar e priorizar essas expectativas;
- selecionar as medidas de desempenho que vinculam o processo às metas e aos clientes;
- estabelecer alvos, usando a informação do *benchmarking*.

• **Desenvolver os ID's do processo:** o desenvolvimento dos Indicadores de Desempenho – ID's é estruturado para controlar e monitorar as atividades-chave, permitindo, dentre outras coisas, monitorar as melhorias, prever e evitar problemas, aperfeiçoar continuamente o processo, aprimorar o processo de seleção das atividades-chave e aumentar a motivação das pessoas, na medida em que focaliza toda a análise na busca da melhoria do processo e não em críticas pessoais.

Para estabelecer e implantar os indicadores do processo é necessário:

- voltar às metas da organização;
- voltar à Matriz Quantum e determinar as categorias da medição;
- selecionar, dentro da Matriz, os tipos de ID's que suportam as metas;
- determinar o que medir, porque medir e como medir;

• determinar se o ID é um atributo (sim ou não, atividades-chave sob controle) ou uma variável (faixa de medição - melhoria contínua);

• validar os ID's (pelas pessoas de dentro do processo).

Müller (2003) destaca que, frequentemente, a medida de desempenho do processo de um nível torna-se a medida de desempenho do *output* do nível imediatamente abaixo. Essas medidas ligam o desempenho e as metas de toda a organização, estando tudo interligado, de cima para baixo e vice-versa.

Problemas típicos na implementação dos indicadores de desempenho: durante o processo de construção e implementação dos Indicadores de desempenho ocorrem diversos problemas, dentre os quais Müller (2003) destaca:

• a falta de um efetivo comprometimento das pessoas no desenvolvimento do projeto e/ou a falta de entendimento do quadro geral de estratégias e metas desmerecerem a qualidade dos IDs selecionados para o monitoramento do processo;

• os ID's podem não ser confiáveis, não medindo aquilo a que se propõem, ou embasando-se em dados que são falhos;

• a dificuldade de se utilizar os ID's vinculando-os exclusivamente aos processos pode torná-los instrumentos para criticar as pessoas e não para melhorar o processo;

• as pessoas não precisam de ID's para executar as tarefas exigidas.

3.3.4 Melhoria Contínua

O *feedback* da implementação e das medidas de desempenho é empregado pela administração para retificar a estratégia, as metas e as medidas do processo da organização, fazendo com que a medição de desempenho seja um processo, não um evento.

4 MODELO DOS TRÊS NÍVEIS DO DESEMPENHO DE RUMMLER E BRACHE

4.1 Aspectos gerais

Rummler e Brache (1994) defendem que qualquer conjunto de critérios para a excelência deveria conter fundamentalmente a habilidade em adaptar-se. Eles consideram ainda que a variável-chave para isso seria o gerenciamento.

Além disso, Rummler e Brache (1994) defendem que uma organização deve ser gerenciada como um sistema, pois uma organização comporta-se como um sistema, mesmo que não seja gerenciada como tal. Se não está sendo gerenciada como um sistema, não está sendo gerenciada efetivamente. Afirmam ainda que é possível resumir as principais preocupações das organizações - qualidade, foco no cliente, produtividade, tempo de ciclo ou o custo – em desempenho. Assim, defendem a necessidade de se criar uma infraestrutura para o aperfeiçoamento sistemático e contínuo do desempenho, fazendo com que a sua melhoria não acabe como outros programas que são implantados nas organizações.

4.2 Modelo rummler e brache

Rummler e Brache (1994) propõem um modelo de três níveis para o aperfeiçoamento do desempenho a partir da visão da empresa no nível de organização, no nível de processo e no nível de trabalho/executor, conforme o ilustrado na Figura 0.1. O nível de organização contém os objetivos estratégicos, a estrutura da organização, o emprego dos recursos e as medidas em nível de organização. O nível de processo contempla os processos existentes, o fluxo do trabalho e os produtos que não atendem às necessidades do cliente. O nível de trabalho/executor compõe-se da contratação e promoção, das responsabilidades e dos padrões do cargo, do *feedback*, das recompensas e do treinamento.

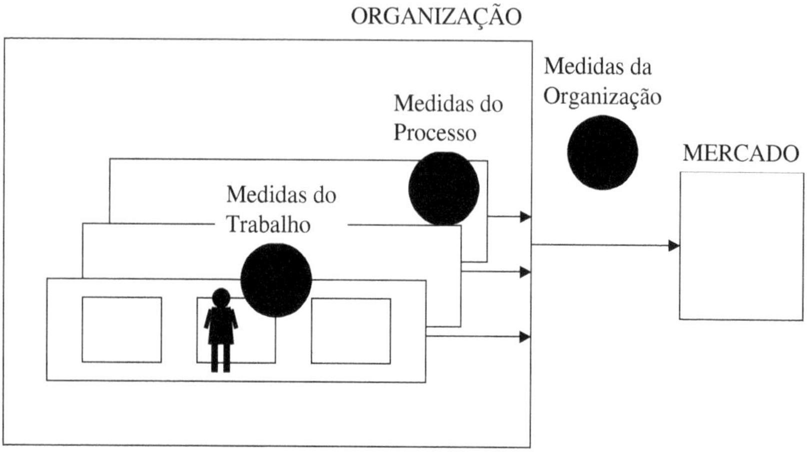

ORGANIZAÇÃO

Medidas da Organização

Medidas do Processo

MERCADO

Medidas do Trabalho

Figura 0.1 Medindo os três níveis do desempenho no sistema da organização

Fonte: Rummler e Brache (1994, p. 169)

Didaticamente, Rummler e Brache (1994) ilustram o modelo por meio de uma analogia com a anatomia do corpo humano ao definir as principais funções compreendidas pela organização.

O nível de processo representaria a musculação, isto é, como a organização se movimenta no sentido de atender às necessidades dos clientes.

O nível do trabalho/executor representaria as células e o sistema nervoso central onde os trabalhos são executados e gerenciados por indivíduos. Como o médico deve dominar a anatomia humana para que possa diagnosticar e tratar as doenças do corpo, assim também o gerente deve compreender os três níveis de desempenho para que possa diagnosticar e tratar os males de uma organização.

A partir dessa analogia proposta percebe-se que o modelo está estruturado para prevenir problemas e aperfeiçoar continuamente o desempenho, ou seja, mantendo a mesma analogia do corpo humano, é possível constatar que o modelo prega a medicina preventiva.

O modelo é constituído de duas dimensões. A primeira compõe-se dos três níveis de desempenho. A segunda compreende três fatores, denominados necessidades do desempenho, isto é, a eficiência em cada nível, vista por meio dos objetivos (especifica a qualidade, a quantidade, a disponibilidade e o custo do produto ou serviço), do projeto (componentes necessários de forma a permitir que os objetivos sejam atingidos) e do gerenciamento (garantia da realização dos objetivos). A combinação entre os três níveis e as necessidades do desempenho resulta em uma matriz que explicita nove variáveis do desempenho, como pode ser observada na Figura 0.2.

NÍVEIS DO DESEMPENHO	**AS TRÊS NECESSIDADES DO DESEMPENHO**		
	Objetivos	**Projeto**	**Gerenciamento**
Nível de Organização	Objetivos da Organização	Projeto da Organização	Gerenciamento da Organização
Nível de Processo	Objetivos do Processo	Projeto do Processo	Gerenciamento do Processo
Nível de Trabalho / Executor	Objetivos do Trabalho / Executor	Projeto do Trabalho / Executor	Gerenciamento do Trabalho / Executor

Figura 0.2 As nove variáveis do desempenho
Fonte: Rummler e Brache (1994, p. 24)

As variáveis de desempenho representam o conjunto de parâmetros de controle que o modelo utilizará para o aperfeiçoamento do desempenho. Elas mostram a interdependência dos três níveis, ou seja, um cargo não pode ser definido se não atender aos requisitos do(s) processo(s) ou um objetivo da organização não se realizará se não estiver suportado por processos e pelos sistemas do desempenho humano.

Uma visão holística do desempenho pode ser observada na Figura 0.3, a qual apresenta as questões que estão associadas a cada uma das nove variáveis do desempenho que estruturam o modelo dos três níveis de desempenho.

	Necessidades do Desempenho			
Níveis do Desempenho		OBJETIVOS	PROJETO	GERENCIAMENTO
	NÍVEL DE ORGANIZAÇÃO	**OBJETIVOS DA ORGANIZAÇÃO** • A estratégia / direção da organização foi articulada e comunicada? • Esta estratégia faz sentido, em termos de ameaças e oportunidades externas e de pontos fortes e fracos internos? • Dada essa estratégia, foram determinadas e comunicadas as devidas saídas da organização, bem como, o nível de desempenho esperado de cada saída?	**PROJETO DA ORGANIZAÇÃO** • Todas as funções relevantes estão posicionadas? • Existem funções desnecessárias? • O fluxo atual de entradas e saídas entre as funções é adequado? • A estrutura formal da organização apoia a estratégia e melhora a eficiência do sistema?	**GERENCIAMENTO DA ORGANIZAÇÃO** • Foram estabelecidos objetivos de função adequados? • O desempenho relevante é medido? • Os recursos são adequadamente alocados? • As interfaces entre as funções estão sendo gerenciadas? • A estratégia / direção da organização foi articulada e comunicada?

		OBJETIVOS DA ORGANIZAÇÃO	PROJETO DO PROCESSO	PROCESSO
	NÍVEL DE PROCESSO	• Os objetivos dos processos-chave estão ligados aos requisitos da organização e do cliente?	• Este é o processo mais eficiente/ efetivo para atingir os objetivos do processo?	• Foram estabelecidos os devidos sub-objetivos do processo? • O desempenho do processo é gerenciado? • São alocados recursos suficientes para cada processo? • As interfaces entre as etapas do processo estão sendo gerenciadas?
		OBJETIVOS DE TRABALHO / EXECUTOR	**PROJETO DE TRABALHO**	**GERENCIAMENTO DO TRABALHO / EXECUTOR**
	NÍVEL DE TRABALHO / EXECUTOR	• As saídas e os padrões de trabalho estão ligados aos requisitos do processo (os quais, por sua vez, estão ligados aos requisitos da organização e do cliente)?	• Os requisitos do processo refletem-se nos devidos trabalhos? • As etapas de trabalho têm uma sequência lógica? • Foram desenvolvidos procedimentos e políticas de apoio? • O ambiente de trabalho faz sentido em termos econômicos?	• Os executores compreendem os objetivos de trabalho (saídas que devem produzir e padrões que devem seguir)? • Os executores têm recursos suficientes, sinais e prioridades claras e um projeto de trabalho lógico? • Os executores são recompensados quando atingem os objetivos do trabalho?

Figura 0.3 As nove variáveis do desempenho (em forma de perguntas)

Fonte: Rummler e Brache (1994, p. 35)

A estrutura em três níveis permite a identificação de “poucas e críticas” medidas; de uma simples coleção de medidas para um sistema de medição.

Para que o sistema da organização seja efetivamente gerenciado, necessita-se de:

- medidas sólidas que garantam que a empresa esteja monitorando as coisas certas;
- um sistema de medição total, e não uma coleção de medidas não relacionadas, potencialmente contraproducentes;
- um processo de gestão do desempenho que converta os dados fornecidos pelo sistema de medição em ação inteligente.

4.3 Variáveis de desempenho

São apresentadas nove variáveis do desempenho: para cada um dos três níveis, três necessidades: Objetivos, Projeto e Gerenciamento. O gerenciamento efetivo do desempenho exige o estabelecimento das três necessidades nos três níveis, sendo esses interdependentes (organização – processos – pessoas).

a) Em Nível da Organização: Os resultados de uma empresa podem não ser excelentes, pois são gerenciadas as funções e as pessoas sem colocá-las dentro de um contexto organizacional maior. Infelizmente, o estabelecimento de objetivos claros é apenas o primeiro passo; é preciso criar uma estrutura que permita que os objetivos sejam realizados. Se esse nível não está sendo definido, criado e gerenciado, não há contexto ou condutor do desempenho humano e dos processos. Nesse ambiente, as atividades bem intencionadas são executadas no vácuo e frequentemente estão fora do objetivo.

Alguns questionamentos apresentados por Rummler e Brache (1994) são:

- todo empregado conhece a estratégia da empresa e sabe como seus objetivos contribuem para aquela estratégia?
- tem prioridades?
- quando elas mudam, sabem o porquê?

b) Em Nível de Processo: Esse nível é o menos entendido e menos gerenciado no desempenho. A maioria das dimensões-chave do desempenho da organização resulta de processos interfuncionais.

Rummler e Brache (1994) definem que um processo é uma série de etapas para produzir um produto ou um serviço.

Mesmo pessoas talentosas e motivadas só podem aperfeiçoar o desempenho da empresa na medida permitida pelos processos de negócios. No longo prazo, pessoas fortes não compensam um processo fraco.

Cada processo deve ser medido quanto aos objetivos que refletem a contribuição que ele deve dar a um ou mais objetivos da empresa. Os objetivos do processo se originam de três fontes: os objetivos da empresa, os requisitos de clientes e as informações comparativas. Se os processos têm de ser gerenciados em base contínua, e não apenas consertados quando quebram, deve-se estabelecer uma infraestrutura que muitas empresas estão começando a chamar de gerenciamento de processos.

A medição é a chave para as empresas estabelecerem estruturas verticais e horizontais efetivas. Uma vez que o propósito de uma função é apoiar os processos, ela deve ser medida quanto ao grau em que serve àqueles. Com isso se garante que cada departamento atenda às necessidades de seus clientes internos e externos.

Cada gerente funcional continua responsável por atingir resultados, alocar recursos e desenvolver políticas e procedimentos. A única diferença para uma empresa puramente vertical é que cada função é medida com relação a objetivos que reflitam sua contribuição para os processos.

A alocação de recursos dirigida ao processo é resultado de uma determinação de dinheiro e pessoas necessários para que o processo atinja seus objetivos. Após isso, cada função recebe sua parcela de recursos de acordo com sua contribuição para o processo, ou seja, o orçamento da função é a soma de suas porções em cada orçamento do processo.

Novamente, Rummler e Brache (1994) fazem alguns questionamentos:

- a empresa tem objetivos para seus processos?
- estes estão ligados aos requisitos do cliente a aos objetivos da organização?

c) Em Nível de Trabalho / Executor: Processos ineficazes atrapalham pessoas potencialmente efetivas. Ao colocar um bom executor em um sistema ruim, o sistema quase sempre vai vencer. Se os cargos não forem projetados para apoiar os processos e o ambiente não for estruturado para que as pessoas deem sua contribuição máxima para o processo, os objetivos em nível de processos e da organização não serão atingidos.

O componente de estabelecimento de objetivo / planejamento do desempenho esclarece as saídas esperadas de cada nível, dificultando a probabilidade dos gerentes fazerem o trabalho de seus subordinados. Por isso a necessidade de descer até o nível de cargo e não parar na função. Embora os objetivos do executor devam estar ligados aos objetivos funcionais, ambos devem originar-se dos processos que apoiam.

Rummler e Brache (1994) citam seis fatores que afetam o sistema de desempenho humano:

- especificações do desempenho;
- interferência na tarefa;
- consequências;
- feedback;
- habilidades e conhecimento;
- capacidade individual.

O treinamento, o qual deve ser avaliado em termos de seu impacto sobre o desempenho, trata apenas da deficiência de habilidades e conhecimento, não resolvendo os outros fatores. Para eles, a motivação é um sintoma. Se as pessoas são capazes, bem treinadas, colocadas em um cenário com expectativas claras, mínima interferência na tarefa, consequências de reforço e feedback apropriado, estarão motivadas.

Cerca de 80% das oportunidades de melhoria do desempenho residem no ambiente, 15 a 20% na área de habilidades e conhecimento e menos de 1% dos problemas de desempenho resultam da capacidade individual (RUMMLER; BRACHE, 1994).

Rummler e Brache (1994) colocam que a verdadeira necessidade de desempenho humano é a melhoria da organização e sugerem um roteiro para vincular o desempenho das pessoas com o desempenho da organização:

- identificar, no Nível de Organização, a Questão Crítica do Negócio;
- identificar, no Nível de Processo, aquele que tenha o maior impacto sobre a Questão Crítica do Negócio;
- identificar os lapsos entre o desempenho desejado e o real, usando o Mapa de Processo para identificar as mudanças necessárias;
- identificar os cargos que tenham impacto sobre o desempenho das etapas do processo em que há falhas, avaliando cargos críticos para a implementação com sucesso dos aperfeiçoamentos do processo;
- desenvolver uma lista de objetivos e metas desejadas por cargo, identificando quais não estão sendo produzidos;
- identificar as causas de todas as saídas abaixo do desempenho, trabalhando-as para a melhoria;
- identificar o apoio ambiental que deve ser dado às pessoas que ocupam esses cargos;
- identificar os recursos, o feedback, as recompensas e o treinamento que devem apoiar as novas responsabilidades do cargo.

A preocupação com a formação, entendimento e divulgação da estratégia pode ser constatada com as questões pertinentes aos objetivos com relação aos três níveis de desempenho.

O desdobramento dos objetivos estratégicos em ações operacionais inicia-se no nível de organização com a elaboração do mapa de relacionamento do estado atual, que vem a ser a identificação dos relacionamentos, entradas e saídas (cliente / fornecedor) entre as funções da organização. Também são observados fios desligados da organização, isto é, entradas ou saídas inexistentes, desnecessárias, confusas ou mal direcionadas.

Essa observação é feita à luz dos objetivos estratégicos da organização. Dessa análise elabora-se o mapa de relacionamento considerado ideal. Posteriormente, no nível de processo, são identificados aqueles que são críticos, e elabora-se o mapa de processo, o qual representa o estado atual. A elaboração é executada por uma equipe de processo, auxiliada por um facilitador, e pode ser observada na Figura 0.4.

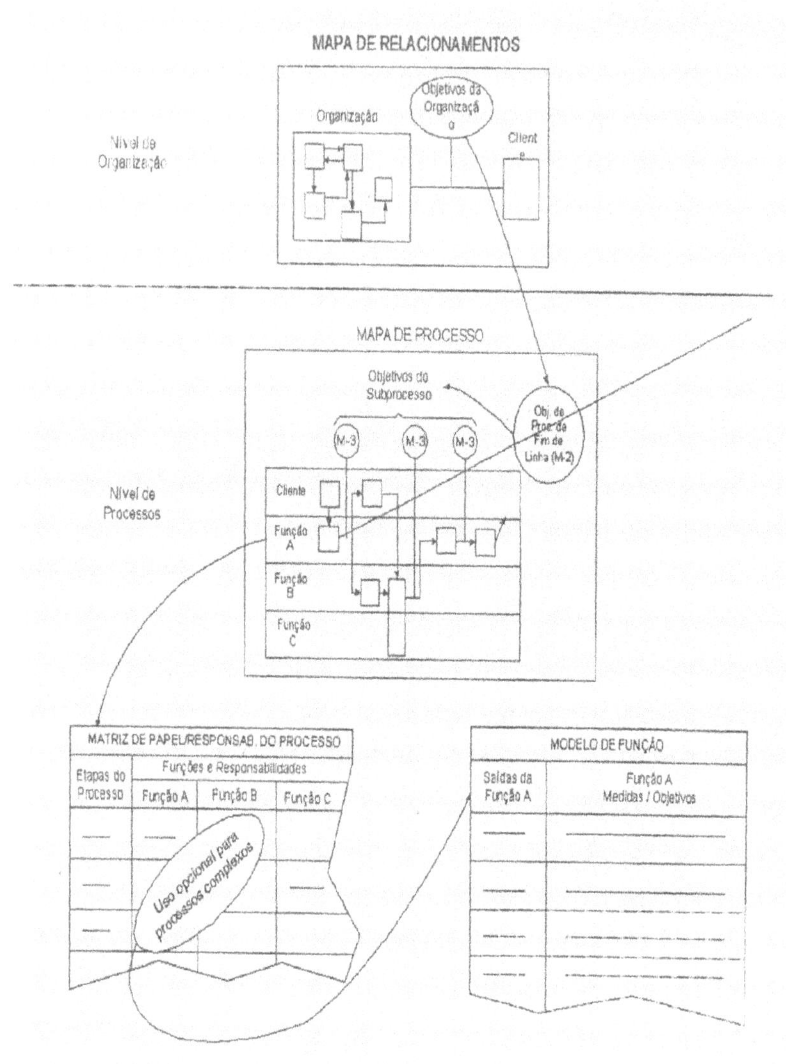

Figura 0.4 Sistema de gerenciamento dos três níveis do desempenho
Fonte: Rummler e Brache (1994, p. 191)

Assim, é efetuada uma análise de “fios desligados” semelhante à realizada no mapa de relacionamento, gerando um mapa de processo considerado ideal. A confrontação do mapa de processo atual com o ideal dá origem a um plano de ação para a transposição de um estado para o outro. Essa sistemática, de mapas de relacionamento e processo, é útil para o estabelecimento ou revisão da estrutura organizacional e entendimento dos processos. Certamente, os resultados da aplicação da sistemática auxiliarão no entendimento da organização, no entanto, especificamente, ela não desdobra o objetivo declarado.

Para Rummler e Brache (1994) a implementação da estratégia é acompanhada com auxílio de medidores (nas dimensões qualidade, foco no cliente, produtividade, tempo do ciclo ou custo) nos três níveis de desempenho.

É dada uma ênfase nas medidas em nível de processo, pois Rummler e Brache (1994) advogam que o nível de eficiência de qualquer processo constitui-se em uma das principais variáveis para que a organização consiga atingir os objetivos aos quais se propõe.

O modelo dos três níveis tem como pontos fortes a busca do entendimento e comunicação do desdobramento estratégico, bem como o acompanhamento de sua implementação, com o auxílio de indicadores nos três níveis de desempenho, havendo ênfase para os processos. Críticas ao modelo surgem com relação ao desdobramento estratégico. A técnica de identificação de "fios desligados" dos mapas de relacionamento localiza, principalmente, anomalias simples e mais evidentes (HRONEC, 1994), não explicitando o que fazer para a realização do objetivo proposto, motivo maior da aplicação do modelo.

5 CAPITAL INTELECTUAL

5.1 Aspectos gerais

A necessidade de desenvolver um mecanismo para mensurar o capital intelectual das empresas surge na medida em que o valor de mercado das empresas calculado pelos investidores começa a se distanciar muito do valor expresso em suas demonstrações financeiras, isso porque, atualmente, os ativos mais representativos do patrimônio da empresa são intangíveis.

Nesse sentido, Schmidt e Santos (2002) comentam que, de acordo com o Índice Mundial da Morgan Stanley, o valor médio das empresas nas bolsas de valores do mundo é duas vezes o seu valor contábil e, nos Estados Unidos, o valor de mercado de uma empresa varia normalmente entre duas a nove vezes o seu valor contábil.

Richard Donkin (apud ANTUNES; MARTINS, 2002, p. 46), em artigo veiculado no Financial Times, afirma que "as empresas vêm percebendo que o valor contábil de seus ativos fixos está, em muitos casos, diminuindo em relação ao seu valor de mercado já que esse valor está sendo medido em termos da capacidade que possuem de exploração de seu conhecimento".

5.2 Classificação do capital intelectual

O capital intelectual pode ser conceituado segundo Brooking (1996, p. 12-13) como "uma combinação de ativos intangíveis, frutos das mudanças nas áreas da tecnologia da informação, mídia e comunicação, que trazem benefícios intangíveis para as entidades e que capacitam o funcionamento das mesmas". Ele pode ser dividido em quatro categorias:

- **ativo de mercado:** Potencial da entidade com os seus intangíveis relacionados com o mercado tais como marca, lealdade dos clientes, negócios em andamento (*backlog*), canais de distribuição, franquias etc.;
- **ativos humanos:** Benefícios que o indivíduo pode proporcionar à organização tais como expertise, criatividade, conhecimento, habilidade para resolver problemas, vistos de forma coletiva e dinâmica;

• **ativos de propriedade intelectual:** São aqueles que necessitam de proteção legal para proporcionar benefícios futuros para a organização tais como *Know-how*, segredos industriais, *copyright*, patentes, *design* etc.;

• **ativos de infraestrutura:** Incluem as tecnologias, as metodologias e os processos empregados tais como cultura, sistema de informações, métodos gerenciais, aceitação de riscos, banco de dados de clientes etc.

Pode-se verificar na classificação anteriormente citada, não obstante a sua significativa importância, que existe uma mistura no seu escopo de vários outros ativos intangíveis identificáveis, a exemplo de franquias, direitos autorais e patentes, o que faz com que haja uma superposição de intangíveis dificultando o entendimento do referido conceito. Todavia, é importante destacar, que ao seu tempo não havia uma clara definição de ativos intangíveis identificáveis, somente com o advento do pronunciamento norte-americano denominado *Statement Financial Accounting Standards* - SFAS 141 e 142 em junho de 2001, com a criação dos critérios para registros dos ativos intangíveis separadamente do goodwill é que os mesmos se sedimentaram.

Mac Donald (apud Stewart 1998, p. 60) define capital intelectual como "o conhecimento existente em uma organização e que pode ser usado para criar uma vantagem diferencial". Essa definição, na realidade, se preocupa mais em apresentar a composição do capital intelectual e a função que o mesmo exerce na entidade e não o que ele é.

Já Edvinsson e Malone (1998, p. 9) utilizam a linguagem metafórica, comparando a entidade à figura de uma árvore, considerando a parte visível (tronco, folhas e galhos) ao que está registrado nos organogramas e nas demonstrações financeiras; e a parte invisível - abaixo da superfície (sistemas de raízes) – ao capital intelectual, que são fatores dinâmicos ocultos que embasam a entidade visível formada por edifícios e produtos. Eles dividem os fatores ocultos em três categorias:

• **capital humano:** relacionado ao conhecimento, à *expertise*, ao poder de inovação e habilidade dos empregados além dos valores, cultura e a filosofia da entidade;

• **capital estrutural:** inclui equipamentos de informática, softwares, banco de dados, patentes, marcas registradas e tudo o mais que apoia a produtividade dos empregados;

• **capital de clientes:** envolve o relacionamento com clientes e tudo o mais que agregue valor para os clientes da organização.

Novamente, observa-se no conceito anteriormente citado, a superposição do conceito de capital intelectual com alguns ativos intangíveis identificáveis, sendo válido então, o mesmo comentário apresentado em relação ao conceito de Brooking (1996).

Já Klein e Prusak (1994, p.1), por sua vez o definem como sendo o "material intelectual que foi formalizado, capturado e alavancado a fim de produzir um ativo de maior valor".

Uma observação importante contemplada na definição anterior é a distinção entre material intelectual e capital intelectual em relação a outros ativos intangíveis identificáveis, a exemplo de patentes e banco de dados que, conforme dispõe o SFAS 142, devem ter seus valores registrados separadamente do capital intelectual. Esses conhecimentos irão se tornar capital intelectual à medida que se tornarem úteis, ou seja, quando assumirem uma forma coerente, quando forem passíveis de serem descritos, compartilhados e explorados e, finalmente, quando tiverem aplicação prática.

Ademais, para Stewart (1998) o capital intelectual pode ser encontrado em três lugares:

• nas pessoas;

• nas estruturas;

• nos clientes.

Para Stewart (1998) o capital humano é a capacidade necessária para que os indivíduos ofereçam soluções aos clientes, é a fonte da inovação e renovação. Contudo, indivíduos inteligentes não são sinônimos de entidades inteligentes. Porém, para compartilhar, transmitir e alavancar o conhecimento são necessários ativos estruturais, tais como laboratórios, sistemas de informações, conhecimento dos canais de mercado e foco gerencial, que transformaram o *know-how individual* em propriedade da entidade, ou seja, capital estrutural é a capacidade organizacional que uma entidade possui de suprir as necessidades do mercado.

Já o capital de clientes é o valor dos relacionamentos de uma entidade com as pessoas com as quais realiza operações. Finalmente, é importante destacar que segundo Stewart (1998) o capital intelectual não é criado a partir de partes distintas de capital humano, estrutural e de clientes, mas do intercâmbio entre eles.

5.3 Modelo de mensuração do capital intelectual skandia

Edvinsson e Malone (1998) destacam que uma das primeiras citações expressivas a respeito da necessidade de mensurar o capital intelectual é identificada em outubro de 1994, quando a Revista Fortune publica um artigo intitulado "O ativo mais valioso de sua empresa: o Capital Intelectual". Todavia, o grande marco no desenvolvimento do modelo de conceituação e de mensuração do capital intelectual surge quando uma empresa de seguros e serviços financeiros da Escandinávia, denominada Skandia, desenvolveu um relatório suplementar ao seu relatório anual contábil-financeiro, apresentando uma metodologia para justificar a diferença entre o valor de mercado e o valor contábil a partir da quantificação do capital intelectual. Esse relatório foi distribuído aos acionistas em 1995, como suplemento das demonstrações financeiras referentes a 1994.

Edvinsson e Malone (1998) relatam que o modelo apresentado pela Skandia está fundamentado na ideia de que o valor real do desempenho de uma empresa depende da sua habilidade para criar valor sustentável pela adoção de uma visão empresarial e sua estratégia resultante. A partir dessa estratégia, é possível determinar os fatores de sucesso que deveriam ser maximizados. Tais fatores de sucesso são combinados a fim de criarem um modelo para geração de relatório denominado *Bussiness Navigator.*

De forma simplificada, o modelo de mensuração de capital intelectual utilizado pela Skandia foi elaborado por um grupo que identificou certos valores de sucesso que deveriam ser maximizados e incorporados à estratégia organizacional. Esses fatores foram agrupados em cinco áreas de foco: financeiro, clientes, processo, renovação e desenvolvimento, e humano. Para cada um desses focos foram estabelecidos indicadores que permitem medir o seu desempenho.

Segundo Antunes e Martins (2002) a fim de estabelecer uma equação que traduzisse em um número o valor do Capital Intelectual, a Skandia estabeleceu os seguintes passos:

- identificar um conjunto básico de índices que possa ser aplicado a toda a sociedade com mínimas adaptações;
- reconhecer que cada organização possa ter um capital Intelectual adicional que necessite ser avaliado por outros índices;
- estabelecer uma variável que capte a, não tão perfeita, previsibilidade do futuro, bem como a dos equipamentos, das organizações e das pessoas que nela trabalham.

De acordo com os passos estabelecidos pela Skandia, obtém-se a fórmula apresentada na Figura 5.1.

Capital Intelectual Organizacional = iC

Onde:

C = Valor monetário do Capital Intelectual;
i = Coeficiente de Eficiência

Figura 5.1 Fórmula do capital intelectual estabelecida pela Skandia

O valor de C é obtido a partir de uma relação que contém os indicadores mais representativos de cada área de foco, avaliados monetariamente, excluindo aqueles que pertencem mais propriamente ao balanço patrimonial. Esses indicadores referem-se ao exercício social:

- receitas resultantes da atuação em novos negócios;
- investimento no desenvolvimento de novos mercados;
- investimento no desenvolvimento do setor industrial;
- investimento no desenvolvimento de novos canais;
- investimento em Tecnologia da Informação (TI) aplicada a vendas, serviço e suporte;
- investimento em TI aplicada à administração;
- novos equipamentos de TI;
- investimento no suporte aos clientes;
- investimento no serviço aos clientes;
- investimento no treinamento de clientes;
- despesas com clientes não relacionadas ao produto;

• investimento no desenvolvimento da competência dos empregados;

• investimento em suporte e treinamento relativo a novos produtos para os empregados;

• treinamento especialmente direcionado aos empregados que não trabalham nas instalações da empresa;

• investimento em treinamento, comunicação e suporte direcionados aos empregados permanentes em período integral;

• programas de treinamento e suporte especialmente direcionados aos empregados temporários de período integral;

• programas de treinamento e suporte especialmente direcionados aos empregados temporários de tempo parcial;

• investimento no desenvolvimento de parcerias / joint-ventures;

• *upgrades* no sistema;

• investimentos na identificação da marca (logotipo/ nome);

• investimento em novas patentes e direitos autorais.

O índice de coeficiente de eficiência do capital intelectual é obtido por meio dos indicadores mais representativos de cada área de foco expressos em porcentagens, quocientes e índices, cuja média aritmética dos índices permite colocá-los em uma porcentagem única. Esses parâmetros referem-se:

• à participação de mercado (%);

• ao índice de satisfação dos clientes (%);

• ao índice de liderança (%);

• ao índice de motivação (%);

• ao índice de investimento em pesquisa & desenvolvimento / investimento total (%);

• ao índice de horas de treinamento (%);

• ao desempenho / meta de qualidade (%);

• à retenção dos empregados (%);

• à eficiência administrativa / receitas (%).

Antunes e Martins (2002) concluem que a fórmula apresentada pela Skandia mede o Capital Intelectual em função da quantidade de investimentos, medidos em termos monetários, realizados nos elementos que podem ser mensurados objetivamente, a exemplo, dos investimentos no suporte aos clientes e investimentos em TI aplicados a vendas, serviço e suporte. Esses por sua vez poderão impactar a satisfação do cliente ou não.

Entretanto, não consideram como capital intelectual o valor total do investimento (valor de custo) realizado, mas apenas a proporção que reverterá para a empresa, a médio ou longo prazo, medida em função do índice percentual de satisfação dos clientes (indicador não-financeiro). Assim sendo, pode-se concluir que a medida de capital intelectual apresentada, aparentemente objetiva, é composta, dada a própria natureza de alguns índices, de certo grau de subjetividade.

5.4 Conceito e composição do capital intelectual

Edvinsson e Malone (1998) sintetizam o conceito de capital intelectual como sendo a diferença entre o valor de mercado da empresa e seu valor contábil.

Cordeiro (2002), por sua vez, descreve que o capital intelectual se constitui em toda a matéria intelectual, compreendida como conhecimento, informação, propriedade intelectual, experiência, que pode ser utilizada para produzir riqueza.

Edvinsson e Malone (1998) entendem que é possível subdividir o capital intelectual (CI) em capital humano (CH) e em capital estrutural (CE), onde o capital humano é representado pelo conhecimento, experiência, poder de inovação, habilidades dos empregados, cultura e filosofia da empresa. Já o capital estrutural é representado por todos aqueles bens que podem ser negociados, ou seja, equipamentos, softwares, marcas registradas, relacionamento com clientes.

O capital estrutural (CE) pode ser classificado, segundo Edvinsson e Malone (1998), em capital de clientes - representado pelo relacionamento com os clientes - e capital organizacional que, por sua vez, pode ser subdividido em capital de inovação e capital de processos, os quais compreendem a capacidade da organização de gerar inovações e a qualidade dos processos em termos de eficiência e eficácia, respectivamente.

Esse desdobramento pode ser visualizado na Figura 5.2

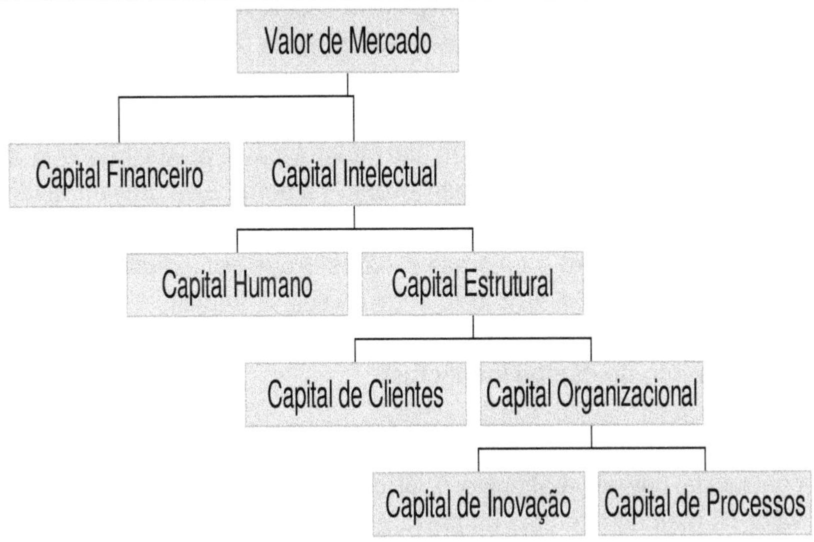

Figura 5.2 Desdobramento do capital intelectual
Fonte: Edvinsson e Malone (1998, p. 47)

Alguns fatores cujo valor não é retratado nas demonstrações financeiras são:

- treinamento constante dos empregados;
- rapidez de atendimento aos pedidos de assistência técnica;
- lealdade dos clientes;
- qualidade;
- habilidades individuais;
- sistemas de informação;
- marcas registradas;
- relacionamento com fornecedores.

Todos esses fatores têm valor, cujas raízes estão vinculadas ao conceito de capital intelectual (CI). O valor está nos ativos, que se apresentam nas normas internacionais sob quatro formas: circulante, permanente, investimentos e intangíveis. Dados esses fatores intangíveis, as empresas bem-sucedidas da era da informação podem ter valor de mercado várias vezes maior do que seu valor contábil (CORDEIRO, 2002).

Para Senge (apud CORDEIRO, 2002, p. 157) "na era da informação a competição deixa de ser baseada em recursos para ser fundamentada em informações e conhecimento".

Edvinsson e Malone (1998) ressaltam a importância do CI discorrendo sobre a revolução na informática e postulando que a criação de riquezas é agora um evento cerebral. Eles lançam ainda um desafio dizendo que não se pode conhecer o melhor posicionamento para a empresa a não ser que se compreendam os pontos fortes e fracos de seu capital intelectual.

5.5 Gestão do capital intelectual

Cordeiro (2002) deixa claro o objetivo da gestão do CI concluindo que se realmente o CI corresponde à diferença entre o valor de mercado de uma empresa e o seu valor contábil, trata-se de algo que deve ser maximizado. Para não deixar dúvidas, ele cita uma pesquisa realizada em 2000 por Boulton et al., na qual verificou-se que, em 1978, o somatório do capital contábil da totalidade das empresas de capital aberto dos Estados Unidos correspondia a 95% do somatório do seu valor de mercado, em 1998, 28%.

Dessa forma, a gestão do CI é fundamentada pela definição de indicadores de desempenho financeiros e não financeiros divididos em cinco focos (EDVINSSON; MALONE, 1998):

- Financeiro;
- Cliente;
- Processo;
- Renovação e Desenvolvimento;
- Humano.

Esses focos que compõem a estrutura do navegador do capital intelectual, desenvolvido pela Skandia, podem ser observados na Figura 5.3.

Figura 5.3 Business Navigator da Skandia
Fonte: Edvinsson e Malone (1998, p. 58)

O desempenho financeiro é decorrente de tudo o que a empresa já fez, ou seja, a perspectiva histórica. O CI está representado no que a empresa está fazendo atualmente (hoje), clientes e processos, e o que a empresa está fazendo para o futuro (amanhã), foco na renovação e desenvolvimento. Já o foco humano é colocado como ponto central do modelo.

A seguir são apresentados exemplos de indicadores, bem como algumas considerações em relação a cada um dos focos.

a) Foco Financeiro

As demonstrações financeiras são um subconjunto do relatório mais amplo de CI. Para Edvinsson e Malone (1998) o capital intelectual, caso tenha um valor, precisa, em algum momento, ser convertido em moeda. Uma tecnologia pode levar meses para ser desenvolvida e anos para se transformar em um produto efetivo, mas, em algum ponto, precisa materializar-se em receitas para a empresa. Enfatizam ainda que os índices de satisfação dos clientes, a disposição dos empregados, e outros análogos, necessitam também se traduzir em receitas mais elevadas, custos fixos menores e lucros maiores.

Alguns indicadores interessantes sugeridos por eles são:

- tempo dedicado aos clientes / tempo total (%);
- investimento em TI ($);
- despesas com TI / despesas administrativas (%);
- receita e lucro resultante da atuação em novos negócios ($);
- valor de mercado ($);
- investimento em renovação e desenvolvimento.

A separação do lucro em relação à contribuição dos produtos com menos de dois anos e por aqueles com mais de dois anos ajuda a obter informações relacionadas com o fato da empresa estar se valendo dos sucessos do passado ou se preparando para o futuro.

b) Foco no Cliente

Edvinsson e Malone (1998) sustentam que o sucesso cria suas próprias expectativas, forçando as empresas a participarem de uma corrida para garantir a plena satisfação de seus clientes, criando um conjunto novo de desafios.

Entendem ainda que a empresa que é punida por operar com margens menores pode, na realidade, estar formando uma base de clientes leais que manterão a empresa saudável por décadas. A avaliação do CI relativo ao cliente consiste em encontrar os parâmetros que melhor captem relações eficazes e inteligentes entre empresa e cliente. Entre esses parâmetros, encontram-se:

- o tipo de cliente;
- a duração do cliente;
- o papel do cliente;
- o suporte ao cliente;
- o sucesso do cliente.

Edvinsson e Malone (1998) sugerem a criação de um índice de atração do cliente (multiplicação dos parâmetros), medindo o sucesso do relacionamento da empresa com ele.

São sugeridos nesse foco os seguintes indicadores:

- participação de mercado (%);
- número de clientes;
- número de clientes perdidos;
- número de visitas dos clientes à empresa;
- número de pontos de venda;
- conhecimento de TI por parte dos clientes (%);

• vendas Anuais / cliente ($);
• duração média do relacionamento com o cliente;
• clientes / número de empregado;
• tempo entre contato e fechamento da venda;
• índice de clientes satisfeitos (%);
• taxa de clientes que voltam a comprar;
• despesas de atendimento / cliente / ano ($);
• investimentos em tecnologia de informação ($).

c) Foco no Processo

Aqui se trata do papel da tecnologia no apoio à criação de valor global da empresa. As ferramentas mais modernas podem se constituir em vantagens competitivas.

Alguns indicadores sugeridos para este foco são:

• PC´s / empregado;
• *laptops* / empregado;
• despesas com TI / empregado ($);
• número de empregados em TI / total (%);
• capacidade dos equipamentos de informática (operações / hora na CPU dos servidores; milhões de instruções por segundo – MIPS – na rede local de PCs; DASD: dispositivo de armazenagem de acesso direto - GB);
• equipamentos de informática adquiridos ($);
• empregados trabalhando em casa / total (%);
• conhecimento de informática dos empregados;
• valor do equipamento de TI descontinuado pelos fabricantes / valor do equipamento total de informática (%).

d) Foco na Renovação e Desenvolvimento

Segundo Edvinsson e Malone (1998), esse foco consiste em descobrir o potencial ocioso dos ativos intangíveis, estabelecendo o que a empresa está fazendo no presente a fim de preparar-se adequadamente para captar oportunidades futuras, especialmente em relação aos seguintes pontos:

• clientes: Que mudanças são esperadas em termos de padrões de compra, renda, idade, instrução? Que nível de serviços esses clientes recebem atualmente da empresa e quais seriam suas prováveis expectativas futuras?

• atração no Mercado: Que percentual do investimento está destinado aos mercados atuais? Que percentual está direcionado a novos mercados?

• produtos e Serviços: Quantos produtos e serviços novos a empresa possui em desenvolvimento? Em que velocidade ocorrem inovações? Quantas patentes a empresa possui e qual sua idade?

• parceiros estratégicos: Quantos empregados estão trabalhando nas dependências de parceiros? Que percentual dos produtos da empresa é projetado ou fabricado pelos parceiros?

• infra-estrutura: Que aquisições de bens de capital a empresa planeja para os próximos anos? Qual é a configuração e o valor dos sistemas de informação gerencial?

• empregados: Qual o nível médio de instrução dos colaboradores? Qual o número de horas de treinamento por funcionário? Qual é o investimento anual e o planejado em programas de recrutamento de empregados?

Enfim, trata-se da qualidade do preparo da empresa para o futuro, por meio de treinamento dos funcionários, desenvolvimento de novos produtos, desistência de mercados decadentes etc.

Alguns indicadores propostos para esse foco são:

• despesas com o desenvolvimento de competências / empregado ($);

• despesas de marketing / cliente ($);

• despesas de treinamento / despesas administrativas ($);

• despesas de desenvolvimento de negócios / despesas administrativas ($);

• número de empregados com menos de 40 anos (%);

• despesas de desenvolvimento de TI / despesas de TI (%)

• índice de *empowerment* dos funcionários (serviços externos de pesquisa de opinião);

• despesas com o desenvolvimento de competências / empregado ($);

• recursos investidos em P&D / investimento total (%);

• número de empregados atuando em instalações de parceiros.

e) Foco Humano

Segundo Edvinsson e Malone (1998: 1130), "uma empresa sem a dimensão de um fator humano bem sucedido, fará com que todas as demais atividades de criação de valor não deem certo, independentemente do nível de sofisticação tecnológica".

Para eles, o capital humano nas organizações modernas se encontra dividido nos empregados de escritório, nos tele trabalhadores, nos guerreiros da estrada e nos ciganos corporativos, substituindo as estruturas organizacionais hierárquicas e exigindo muito da liderança da instituição.

Alguns indicadores para esse foco são:

- o número médio de anos de serviço com a empresa;
- o número de gerentes do sexo feminino;
- a idade média dos empregados;
- o número de empregados permanentes em período integral;
- a rotatividade anual dos empregados permanentes em período integral;
- a porcentagem dos gerentes com formação avançada em gestão de negócios;
- a porcentagem dos gerentes de nacionalidade diferente daquela da matriz;
- o número de empregados em tempo parcial.

São as interações entre os quatro focos (clientes, processo, financeiro e renovação e desenvolvimento) que determinam o equilíbrio entre as pessoas e a instituição.

f) Plataforma de Valor:

A fusão entre os tipos de capital, juntamente com a gestão do conhecimento, resulta em uma organização alinhada e balanceada que otimiza o capital financeiro (valor). Isso pode ser observado na Figura 5.4.

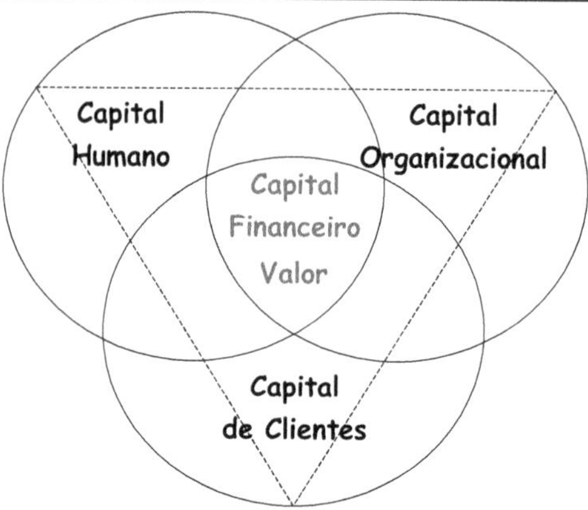

Figura 5.4 Plataforma de valor do capital intelectual
Fonte: Edvinsson e Malone (1998, p. 133)

Edvinsson e Malone (1998) afirmam que não importa a intensidade da força de uma organização relativamente a um ou dois tipos de capital (por exemplo, uma organização poderosa e dinâmica e colaboradores brilhantes), se o terceiro tipo for fraco ou mal orientado (por exemplo, uma base inadequada de clientes), essa organização não possui o potencial de transformar seu Capital Intelectual em valor para a organização.

6 MODELO DA TEORIA DAS RESTRIÇÕES DE GOLDRATT (TOC)

6.1 Aspectos gerais

Diante da concorrência acirrada, nesse novo cenário econômico imposto pela tecnologia da informação e das telecomunicações, as empresas mais do que precisam se adaptar às mudanças, elas devem estar continuamente melhorando, o que implica em uma mudança cultural, isto é modificar a forma de se administrar a empresa.

Nesse cenário, onde a vantagem competitiva se dissipa muito rapidamente, o foco no cliente é o melhor caminho para o sucesso. Para isso, deve-se ter uma visão sistêmica da empresa que deve ser entendida como sendo um organismo vivo, em que todas as partes precisam trabalhar harmonicamente em conjunto, para que se alcance o objetivo traçado. Diante disso, a empresa deve ser entendida como um sistema, cuja administração esteja voltada para o aprendizado e a teoria das restrições é uma ferramenta que objetiva auxiliar a empresa nesse processo.

A origem da Teoria das Restrições (*Theory of Constraints - TOC*) está ligada ao desenvolvimento, pelo físico israelense Eliyahu M. Goldratt, de um software de programação da produção, o OPT (*Optimized Production Technology*), que ao longo do tempo ganhou mais abrangência, consolidando-se como a teoria das restrições.

Para Goldratt e Fox (1992), a meta de qualquer organização é ganhar dinheiro. Para medir se a empresa está nesse caminho, eles propõem um modelo de medição de desempenho em dois níveis: medidas financeiras de resultado e medidas operacionais globais.

6.2 Medições do resultado

As medidas financeiras de resultado são:

- lucro líquido do exercício - a empresa precisa ter lucro; é uma medida absoluta de ganhar dinheiro;
- retorno sobre o investimento - é uma medição que mostra o ganho monetário relativo ao dinheiro investido no negócio;

• fluxo de caixa - é uma medida de sobrevivência; trata-se de uma medida do tipo liga/desliga: quando há caixa suficiente ela não é importante, porém, quando não há caixa suficiente nada mais importa.

Apesar de úteis para determinar quando o negócio está ganhando dinheiro, essas medidas são inadequadas para julgar o impacto de medidas específicas. É necessário desenvolver algum tipo de ligação entre as decisões operacionais específicas que devem ser tomadas e as medições dos resultados de toda a organização.

Goldratt e Fox (1992) sugerem a utilização de três medidas operacionais globais:

• ganho (*Throughput*) - índice no qual uma organização gera dinheiro por meio das vendas;

• investimento - dinheiro que o sistema investe na compra de coisas que pretende vender;

• despesa operacional - todo dinheiro que o sistema gasta para transformar inventário em ganho.

Para que a meta da organização - ganhar dinheiro - seja atingida, deve-se trabalhar no sentido de aumentar o lucro líquido do exercício, o retorno sobre o investimento e o fluxo de caixa. Em se tratando das medidas operacionais globais, a organização deve incrementar seu ganho e simultaneamente diminuir inventário e as despesas operacionais. Essa situação pode ser identificada na Figura 6.1.

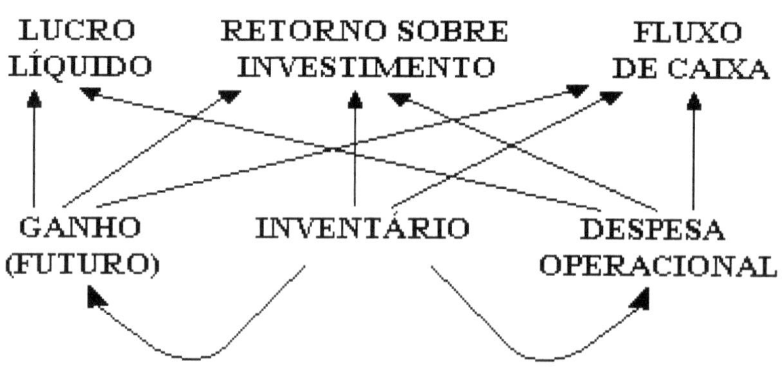

Figura 6.1 Medições operacionais e resultados
Fonte: Goldratt e Fox (1992, p. 178)

6.3 Melhoria contínua

Na busca da melhoria contínua, o processo operacional da teoria das restrições é composto por cinco passos:

- identificar a(s) restrição(ções) do sistema;
- decidir como explorar a(s) restrição(ções) do sistema;
- subordinar o resto à decisão anterior;
- elevar a(s) restrição(ções);
- caso nas etapas anteriores, mudar alguma restrição, voltar ao primeiro passo, não permitindo que a inércia gere uma restrição no sistema.

A ênfase nos gargalos (restrições) delimita a atuação (local), otimizando o todo (global). Dessa forma, a abordagem da TOC acaba por facilitar sua disseminação interna e compreensão.

Identificar a restrição do sistema: em qualquer empresa sempre haverá um recurso que limite o seu fluxo máximo, já que se isso não ocorresse a empresa poderia possuir lucros infinitos, o que não é real. Assim, para se aumentar o desempenho é necessário, primeiramente, que se identifiquem essas restrições.

Decidir como explorar a restrição do sistema: uma vez identificada a restrição deve-se tirar o maior proveito possível dela, isso é, concentrar energia em eliminá-la e administrá-la de tal modo que tudo que será consumido pela restrição seja fornecido por uma não-restrição.

Subordinar o resto à decisão anterior: os demais recursos devem ser dimensionados em razão do recurso com restrição otimizando, isso é, não devem trabalhar nem mais rápido nem mais devagar do que ele, o processo. Já os recursos não-restrição não devem trabalhar mais rápido do que ele, pois não aumentariam o nível de produção, mas sim o de estoque.

Elevar a restrição: deve-se elevar a restrição, isto é, investir mais na restrição, a exemplo de aumentar o nível de turnos, adquirir outro recurso idêntico etc., até que se quebre a restrição, ou seja, surja uma nova restrição.

7 MODELO TQM (GESTÃO DA QUALIDADE TOTAL)

7.1 Aspectos gerais

Ishikawa (1993) apresenta um breve histórico da evolução da qualidade no mundo, desde Shewhart (anos 30) até o início da década de 80, citando diversas passagens envolvendo Taylor, Feigenbaum, Deming e Juran, e todo o processo de disseminação da qualidade no Japão, consolidado na segunda metade do século XX.

Campos (1993) cita como principal objetivo da empresa a sobrevivência. Para tal, hierarquiza os meios necessários, que são:

- a competitividade;
- a produtividade; e
- a qualidade.

Para ele, "qualidade total" representa todas as dimensões que afetam a satisfação das necessidades das pessoas e, por conseguinte, a sobrevivência da empresa, apontando os seguintes indicadores (itens de controle) gerais:

- qualidade: reclamações e refugos;
- custo: custo unitário;
- entrega: fora do prazo, em local errado e em quantidade errada;
- moral: *turnover*, absenteísmo, causas trabalhistas, atendimentos no posto médico, sugestões;
- segurança: acidentes com equipe e com clientes, gravidade dos acidentes e dias parados.

Para Campos (1993) as organizações são meios (causas) destinados a atingir determinados fins (efeitos). Controlar uma organização significa detectar os fins, efeitos ou resultados não alcançados ou não alcançáveis (que são os problemas da organização - reais ou potenciais), analisar esses maus resultados, buscando suas causas, e atuar sobre elas de tal modo a melhorar os resultados.

7.2 Processo no TQM

Já processo pode ser entendido como sendo um conjunto de causas que provoca um ou mais efeitos. O controle de processo é a essência do gerenciamento em todos os níveis da empresa. O primeiro passo, para que se possa entender o controle de processo, é a compreensão do relacionamento de causa e efeito, conforme o apresentado na Figura 7.1.

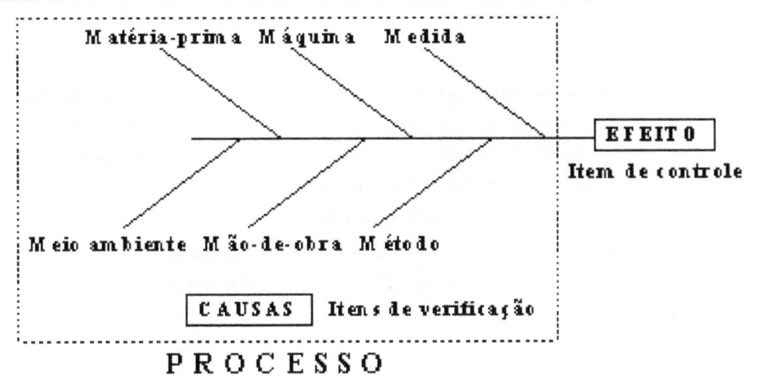

Figura 7.1 Relacionamento de causa e efeito
Fonte: Campos (1993, p. 17)

Um problema é o resultado indesejado de um processo. Para manter qualquer processo sob controle é necessário saber localizar o problema, analisar o processo, padronizar e estabelecer itens de controle de tal forma que o problema não mais ocorra (CAMPOS, 1992). As ações fundamentais do controle de processo são:

- o estabelecimento da diretriz de controle (planejamento): a meta e o método;
- a manutenção do nível de controle: atuar no resultado e na causa;
- a alteração da diretriz de controle (melhorias): alterar a meta e/ou o método.

7.3 Abordagem TQM

Essas ações de controle de processo podem ser visualizadas em um dos elementos da abordagem do TQM, que é o ciclo PDCA (*Plan-Do-Check-Action*). Nessa aplicação, tem-se:

- Plan – definir as metas e métodos para atingi-las;
- Do – educar / treinar e executar a tarefa;
- Check – verificar os resultados;
- Action – agir corretivamente.

O mesmo PDCA serve de base para as melhorias, conforme segue:

- Plan – identificação do problema, observação, análise e plano de ação;
- Do – ação;
- Check – verificação;
- Action – padronização e conclusão.

No TQM, são definidos itens de controle (IC) e itens de verificação (IV) que consistem, respectivamente, de índices numéricos estabelecidos sobre os efeitos (resultados) e sobre as causas (meios) de cada processo, visando medir a qualidade total. Permitindo, dessa forma, que o resultado seja gerenciado por meio de ações sobre os meios, ou seja, os itens de verificação são índices estabelecidos sobre as principais causas que afetam determinado item de controle. Os resultados de um item de controle são garantidos pelo acompanhamento dos itens de verificação. Dessa forma, um item de verificação de um processo pode ser um item de controle de um processo anterior.

Os itens de controle são definidos sobre as dimensões da qualidade: qualidade, custo, entrega, moral e segurança, as quais almejam o desempenho em relação à satisfação de todas as pessoas atingidas no processo. É importante considerar que essas dimensões contemplam a meta estabelecida pelo TQM: a satisfação dos clientes; onde acionistas, comunidade e empregados, também são considerados clientes do processo.

O modelo proposto pelo TQM desenvolve uma sistemática para determinação dos itens de controle e de verificação. Essa sistemática prega que os ICs e os IVs devem ser estabelecidos para todos os níveis da organização, tanto a partir do gerenciamento interfuncional (desdobramento do plano estratégico) como do gerenciamento funcional (rotina ligada aos processos) da organização.

8 BENCHMARKING

8.1 Aspectos gerais

O processo de mensuração tem por objetivo alavancar vantagens internas e externas, já que as empresas devem unir esforços para ser a melhor. Ser melhor é perseverar num processo de melhoria contínua. Nesse sentido, o aperfeiçoamento dos processos empresariais é fundamental para a diferenciação e conquista de qualidade e superioridade.

Nesse contexto, o *benchmarking* – medida de desempenho gerencial baseada nas melhores práticas, se destaca como um processo de medição de desempenho eficaz e eficiente no acompanhamento, controle e avaliação gerencial. A busca incessante da superação diariamente é o ponto central para alcançar o sucesso empresarial. Além disso, o simples fato de obter informações sobre as melhores práticas no seu segmento de mercado ou em outros, é saber desenvolver uma política de desafios a cada instante.

O processo de *benchmarking* deve visar à posição de liderança, e não simplesmente copiar práticas de sucesso, sem um objetivo previamente especificado. O *benchmarking* fornece informação sobre as melhores práticas, que por sua vez geram as ideias. É essa rápida aquisição de conhecimentos e descobertas que conduz ao desempenho superior.

Assim, o *benchmarking* objetiva maximizar a utilização do tempo e minimizar a utilização de recursos em pesquisas e desenvolvimentos de produtos e serviços, evitando a busca constante e insaciável de novos processos, com maior qualidade. Dessa forma, a interação das melhores práticas, o tempo exíguo e a redução de despesas com pesquisa e desenvolvimento resultam numa vantagem competitiva excepcional para as entidades.

8.2 Definição de benchmarking

Para Camp (1998), *benchmarking* é a busca das melhores práticas na indústria (setor) que conduzem ao desempenho superior.

Nesse sentido, Kearns (apud Camp 1998) cita que benchmarking é o processo contínuo de medição de produtos, serviços e práticas em relação aos concorrentes mais fortes, ou às empresas reconhecidas, pelo mercado, como líderes em suas indústrias.

Essas definições, embora consistentes, limitam a utilização dessa ferramenta gerencial à indústria, quando na realidade ela se aplica a qualquer ramo da atividade econômica. Nesse sentido, Bogan (1996) observa que benchmarking é um método sistemático de procurar os melhores processos, ideias inovadoras e procedimentos de operação mais eficazes, que conduzam a um desempenho superior. Esse desempenho é medido por meio de vários indicadores financeiros e não financeiros.

Além disso, para Zairi (1995) benchmarking representa um termo de referência, medida, padrão de comparação. É uma técnica que tem como aliado o tempo, que representa um diferencial de eficiência, já que as mudanças ocorrem em tempo real. Aplicar as melhores práticas com base em empresas que tiveram rendimentos e resultados superiores nos diversos ramos de atividades possibilita minimizar os prazos e maximizar a qualidade dos produtos e serviços requeridos pelos clientes, aumentando a produtividade.

Nesse sentido, Zairi (1995) comenta que o tempo é uma variável de desempenho fundamental no mundo dos negócios, isso porque, investir recursos para aprimorar ou desenvolver práticas internas requer tempo, então se já existem parâmetros externos, ou até mesmo internos de excelência, deve-se aplicá-los o quanto antes.

8.3 Tipos de benchmarking

De acordo com Camp (1998) encontramos os seguintes tipos:

Benchmarking competitivo: significa medir suas funções, processos, atividades, produtos ou serviços em relação aos seus concorrentes e melhorá-los de forma que sejam os melhores do ramo, ou no mínimo, melhores que os seus concorrentes.

Benchmarking cooperativo: são fáceis de praticar, pois as empresas não são concorrentes diretas, diferentemente do que ocorre no competitivo, sendo realizado por meio de um processo de negociação onde ambos saem ganhando.

Benchmarking colaborativo: as empresas compartilham conhecimentos sobre uma atividade em particular.

Benchmarking interno: é uma forma de *benchmarking* colaborativo que muitas grandes organizações usam para identificar as melhores práticas internas e disseminar para todo o grupo.

8.4 Planejando o benchmarking

Considerando que as mudanças trazem consigo reações e que os seres humanos são avessos à mudança e ao desconhecido, a aplicação eficaz do benchmarking passa necessariamente pelo treinamento efetivo de toda equipe. A participação de profissionais que já aplicaram com sucesso programas de *benchmarking* em outras organizações e que conheçam detalhadamente a ferramenta, bem como as principais dificuldades na sua implementação, é de suma importância para auxiliar na quebra do ceticismo.

Segundo Oliveira (1995) o principal objetivo do planejamento pode ser definido como o desenvolvimento de processos, técnicas e atitudes administrativas, as quais proporcionam uma situação viável de avaliar as implicações futuras de decisões presentes em função dos objetivos empresariais que facilitarão a tomada de decisão no futuro, mais rápida, coerente, eficaz e eficientemente. Dessa forma, pode-se afirmar que o exercício sistemático do planejamento tende a reduzir a incerteza envolvida no processo decisório e, consequentemente, aumenta a probabilidade de atingir as metas e desafios estabelecidos para a empresa.

Pessoas dinâmicas devem integrar a equipe responsável pelo planejamento, desenvolvimento e gerenciamento do programa, tendo em vista a complexidade das mutações temporais das práticas empresariais. A participação e envolvimento de todos é um dos pontos centrais para o êxito do programa de implantação do *benchmarking*. Nada melhor do que discutir os problemas diretamente com as pessoas que trabalham com os processos que serão avaliados e medidos, essa participação torna-os importantes. Todas as ações do programa devem partir da equipe responsável pela implantação do benchmarking, nas diversas áreas da empresa, sempre em busca da integração e sinergia entre as áreas internas e colaboradores externos.

A primeira fase do planejamento é a de identificar as empresas com as melhores práticas e desenvolver negociações para troca de experiência. Evidentemente deve-se pensar antecipadamente quais vantagens serão propostas para obtenção das melhores práticas, já que nada é de graça (*no free lunch*). Naturalmente, o desenvolvimento de ações de cooperação e compartilhamento com empresas não concorrentes são bem mais fáceis, mas buscar conhecer as medidas desenvolvidas pelos concorrentes é o grande desafio. Em um segundo momento, após a identificação das empresas "espelho" (foco) deve-se analisar detalhadamente cada um dos processos que serão avaliados e colocados em prática para melhoria de processos internos.

A obtenção de dados sobre os concorrentes não é uma tarefa fácil, porém, eles podem ser obtidos por meio de várias fontes publicadas ou não, conforme o apresentado na Figura 8.1.

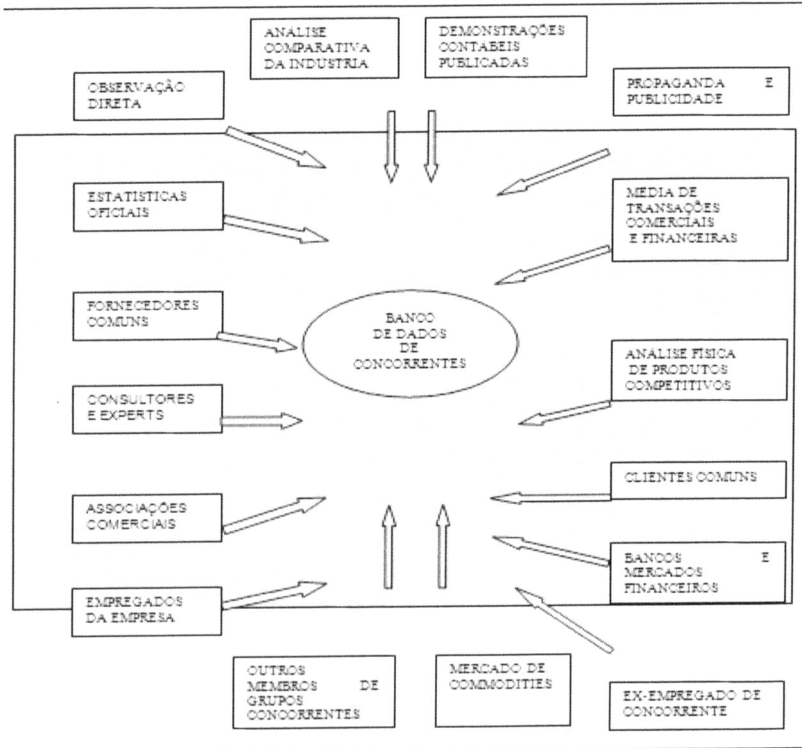

Figura 8.1 Fontes de informação de concorrentes
Fonte: Ward (1993, p. 110)

Diante da importância dos dados sobre os concorrentes para alcance e manutenção da vantagem competitiva, é necessário um mecanismo organizado para fazer o acompanhamento dessa análise de concorrentes. Dessa forma, é necessário um sistema de informação sobre concorrentes, o qual deve prover informações que facilitem o processo de concepção, desenvolvimento, implementação e monitoramento de estratégias competitivas.

Para isso, o sistema de informação de concorrentes deve fundamentar-se nos seguintes princípios:

- deve ser formal;
- deve ser documentado;
- deve contemplar as matrizes, potenciais e representar um fator de distinção.

Além disso, quanto às principais características do sistema de informação de concorrentes são:

- os dados e as informações são obtidos no ambiente;
- podem ser qualitativos e quantitativos, monetários e não-monetários;
- a periodicidade da informação depende da necessidade do usuário;
- no que diz respeito ao processo de mensuração, a acurácia é preferível à precisão.

Outra fase do planejamento é a coleta de dados. Existem várias formas e fontes de coleta de dados, tudo depende do treinamento desenvolvido com os participantes do programa de implantação do *benchmarking.* A habilidade em se obter dados é ponto fundamental para o sucesso do programa. As principais formas de coleta de dados são realizadas:

- com clientes e fornecedores das empresas espelho;
- com as áreas da empresa (internamente) com práticas desenvolvidas e aprovadas pelos clientes;
- por meio de fontes públicas, a exemplo de jornais, revistas especializadas, relatórios publicados, *internet*, universidades etc.;
- por meio de questionários e entrevistas com empresas colaboradoras;
- por meio de visitas *in loco;*
- por intermédio de especialistas e consultores.

Uma vez obtidas todas as informações necessárias, devem-se analisar os dados levantados pelas empresas com as melhores práticas e comparar com as medidas do seu próprio desempenho. As lacunas encontradas entre as práticas internas e aquelas medidas devem ser objeto de planos de ação.

Plano de ação é um instrumento de diagnóstico, acompanhamento e controle de uma atividade lacunosa, isto é, cuja prática interna difere da melhor prática. Objetiva eliminar as causas fundamentais que levaram ou levarão ao não atingimento de metas estabelecidas, deve ser realizado pelo responsável pela atividade que deu origem à lacuna (real da atividade x *benchmarking*). Dessa forma, o planejamento e o gerenciamento do *benchmarking* podem ser visualizados de acordo com o apresentado na Figura 8.2

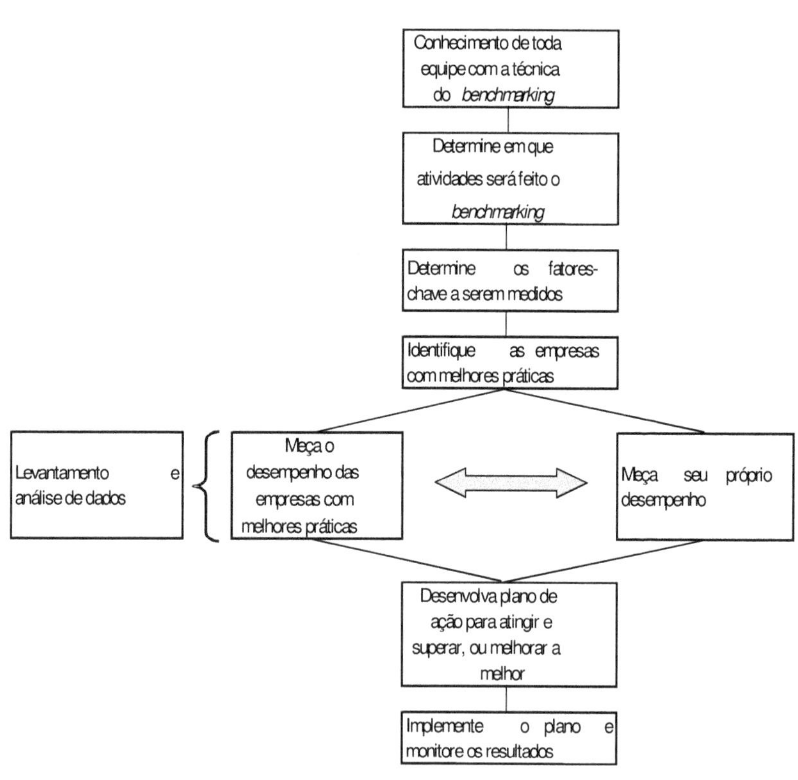

Figura 8.2 Planejamento e gerenciamento do benchmarking
Fonte: Costa Júnior (2000)

8.5 Medição de desempenho

Segundo Zairi (1995) benchmarking e medição não são sinônimos. O benchmarking é um processo para estabelecer lacunas em desempenho e, assim, assegurar que um plano de ação seja implementado, tendo em vista acabar com a lacuna identificada, e finalmente, medir os resultados do plano para verificar sua eficácia.

Dessa forma, utilizar o benchmarking como base de medição de desempenho significa adotar medidas capazes de avaliar variáveis financeiras e não financeiras que possam afetar o bom desempenho da empresa, e assim não atender às expectativas dos clientes. Passar a medir itens de controle críticos, definidos pelos clientes garante o desenvolvimento estratégico de todas as áreas que compõem a organização.

Nesse sentido, Eccles (apud Bogan 1996) observa que as revoluções iniciam muito antes de serem declaradas oficialmente. Durante vários anos, altos executivos de diversos ramos de atividade têm repensado a forma de medir o desempenho de seus negócios, sendo que na base dessa revolução existe uma decisão radical: não tratar mais os resultados financeiros como fundamentais e passar a tratá-los somente como parte integrante de um grupo de medidas.

Nessa metodologia, a medição de desempenho deve ser focada sobre quatro aspectos básicos:

- determinar quais processos agregam valor para a empresa e o cliente;
- determinar como uma parte do valor é perdida com custos altos, erros, inconsistências, retrabalhos ou treinamento adequado;
- reduzir o tempo necessário para transformar uma entrada numa saída de dados;
- definir benchmarking em área onde o hiato (lacuna) de desempenho é acentuado.

O hiato ou lacuna de desempenho é a diferença entre o desempenho interno e o desempenho do benchmarking. Uma vez atingido o benchmarking temos um novo parâmetro de avaliação e o aperfeiçoamento será o novo objetivo. Dessa forma, passa-se de um nível de ineficácia para um nível de qualidade e concorrência, conforme o apresentado na Figura 8.3

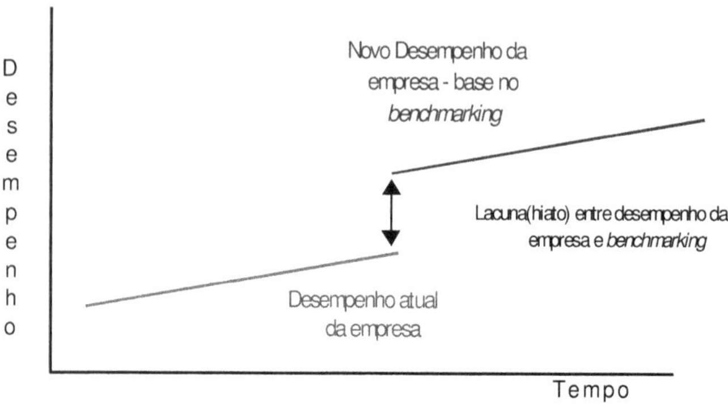

Figura 8.3 *Benchmarking* como base da mensuração de lacunas
Fonte: Costa Júnior (2000)

8.6 Integração do benchmarking e da mensuração

Após todo planejamento para implementação do *benchmarking* precisamos integrar as informações de desempenho das empresas “espelho” (alvo) com as nossas.

A integração se dará por meio de relatórios que cataloguem todas as medidas do *benchmarking* e as medidas estabelecidas pela empresa. Assim, por meio de itens de desempenho financeiros e não financeiros criaremos o relatório de Medição de Desempenho Gerencial – MDG.

Os principais itens de desempenho financeiro podem ser resumidos nos seguintes:

- retorno sobre investimento – ROI;
- alavancagem operacional;
- alavancagem financeira;
- custo médio ponderado de capital – WACC;
- custo da dívida (capital de terceiros).

Todavia, conforme o evidenciado ao longo dessa obra, o grande desafio é medirmos o desempenho de itens não financeiros, a exemplo da satisfação dos clientes, da satisfação dos colaboradores, da estrutura administrativa etc.

A fonte de todo trabalho de controle, análise e acompanhamento do programa de *benchmarking* é o relatório de medição de desempenho gerencial. Por isso, deve ser aberto a todos os envolvidos da empresa, sem exceção, e deve ser exposto em quadros de aviso, à vista.

A título de sugestão o modelo de relatório deve ser composto, no mínimo:

- das áreas de processo, a exemplo das áreas comerciais, administrativas, financeiras, de recursos humanos, de logística e *benchmarking*;
- indicadores de desempenho, financeiros e não financeiros. Todos com base em *benchmarking* hipoteticamente selecionado;
- utilidade, a qual descreve como se medir um determinado indicador de desempenho;
- unidade de medida, a exemplo da moeda, tempo, percentual etc.;
- no período de avaliação são informados o *benchmarking*, o realizado da empresa no período, o percentual de desvio do realizado com referência ao *benchmarking*;
- total acumulado no período, a exemplo do trimestre, semestre, ano etc.

A função básica dos relatórios apresentados é dar e colher *feedback* dos envolvidos no processo. O *feedback* é importante para um melhor desempenho e aprimoramento do programa. Nesse sentido, Harrington (1993) cita que a medição sem *feedback* é inútil porque o esforço foi despendido para realizar a medição, mas não proporcionou à pessoa que realizou a atividade uma oportunidade de melhorar.

8.7 Gráficos de análise de lacunas (*benchmarking* x realizado)

Da mesma forma que o relatório de medição de desempenho gerencial, o relatório com os gráficos de acompanhamento apresentados na Figura 8.4 serve para tornar a análise comparativa entre o *benchmarking* e os itens de controle mais objetivos, explicitando as lacunas apresentadas graficamente.

Gráficos de Acompanhamento - Itens de Desempenho críticos

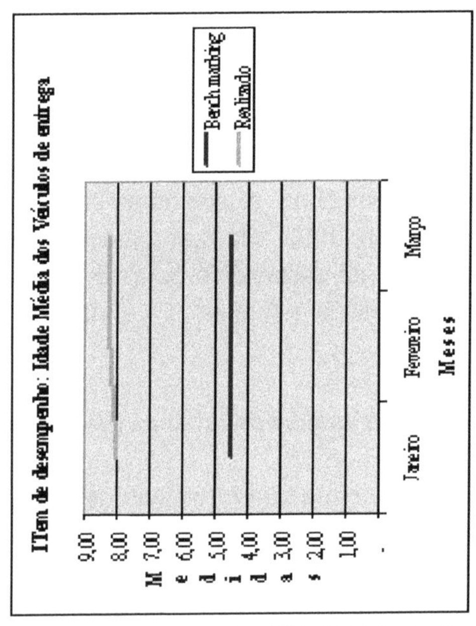

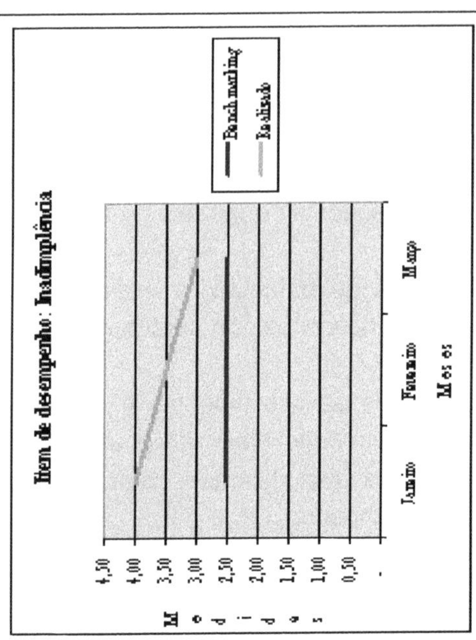

Figura 8.4 Gráficos de acompanhamento de itens críticos – Realizado x Benchmarking
Fonte: Harrington (1993)

8.8 Plano de ação – fonte das mudanças

Segundo Camp (1998) o objetivo principal do plano de ação é o de que ele garanta que os plenos benefícios das melhores práticas sejam alcançados.

O plano de ação pode ser necessário no início, durante ou ao final do procedimento de acompanhamento e avaliação. Na Figura 8.4 observa-se que foi desenvolvido plano de ação para extinguir a lacuna existente em dois itens de desempenho selecionados na Figura 8.5.

PLANO DE AÇÃO - ITENS DE DESEMPENHO CRÍTICOS

Empresa/Unidade: Empresa Teste Comercial | **Ano**: 2000

Responsável pela Equipe: Antonio Contass | **Período**: 1 trimestre

O Que ? What ?	**Quem ? Who ?**	**Quando ? When ?**	**Por quê ? Why ?**	**Como ? How ?**
<u>Item</u> - Idade Média dos veículos de entrega	Equipe *Bechmarking*	abril/2000	* Reduzir custos de manutenção. * Reduzir quebras e garantir entrega no prazo. * Diminuir despesas com depreciação.	* Renovar frota. Analisar investimento com capital próprio, financiamento bancário, financiamento direto ou leasing.
<u>Item</u> - Inadimplência	Equipe *Benchmarking*	abril/2000	* Reduzir custos com perdas. * Reduzir custos de processos de controle e cobrança. * Diminuir número de clientes bloqueados por falta de pagamento. * Maximizar os lucros	* Reavaliar política de crédito. * Treinar pessoas para análise e concessão de crédito. * Incentivar vendas à vista.

Figura 8.5 Plano de ação – itens críticos
Fonte: Camp (1998)

8.9 Recalibragem das medidas de desempenho

Segundo Camp (1998) o objetivo da recalibragem é manter atualizados os marcos de referência. É necessário implantar um processo de recalibragem para que os parâmetros possam ser reavaliados e atualizados periodicamente, a fim de garantir que eles continuem se baseando nos métodos e práticas mais recentes.

Dessa forma, pode-se afirmar que para o sucesso do processo de acompanhamento e desenvolvimento do *benchmarking* é necessário recalibrar para garantir a eficácia e eficiência do programa. Na prática esse procedimento surgirá naturalmente, já que a melhoria contínua requer constantes indagações, bem como possuir sempre as melhores práticas.

Além disso, Camp (1998) sugere uma abordagem que é a de recalibrar os itens críticos de referência anualmente. Uma frequência maior não seria interessante, porque as práticas não mudam tão depressa. Cada empresa precisa determinar a frequência com base nas características da atividade e do ambiente externo. Mudanças externas rápidas exigem atualizações mais frequentes.

REFERÊNCIAS

ACKOFF, R. L. **Planejamento empresarial**. Rio de Janeiro: Livros Técnicos e Científicos,1976.

ACKOFF, R. L. The future of operational research is past. **Journal of Operational Research Society**, v. 30, n. 2, p. 93-104, 1979.

ALLEN, Franklin; PERCIVAL, John. **Andar na crista da onda pode ser fácil, mas... Dominando Finanças**. São Paulo: Makron Books, 2001.

ANDERSON. Putting the balanced scorecard to work. **Harvard Business Review**, sep.-oct., 1993.

ANDERSON. Using the Balanced Scorecard as a Strategic Management System. **Harvard Business Review**, jan.-feb. 1996.

ANDERSON. **A estratégia em ação**: balanced scorecard. 6.ed. Rio de Janeiro: Campus, 1997.

ANDERSON. **Organização orientada para a estratégia**: como a empresas que adotam o balanced scorecard prosperam no novo ambiente de negócio. 5.ed. Rio de Janeiro: Campus, 2001.

ANDERSON. **Mapas Estratégicos – Balanced Scorecard**: convertendo ativos intangíveis em resultados tangíveis. Rio de Janeiro: Campus, 2004.

ANDERSON, Esteven R. **Time-Driven Activity-Based Consting**: a simpler and more powerful path to higher profits. Boston: Harvard Business School Press, 2007.

ANEFAC. **IT Governance – artigo II - Cobit – estrutura do framework**. Disponível em: <http://www.anefac.com.br/m5.asp?cod_noticia=332&cod_pagina=903>. Acesso em: 28 out. 2005.

ANDRADE, M. M. A. **Como preparar trabalhos para cursos de pós-graduação: noções práticas**. São Paulo: Atlas, 1997.

ANSSOF, H. Igor; DECLERCK, Roger P.; HAYES, Robert L. (orgs.). **Do planejamento estratégico à administração estratégica**. São Paulo: Atlas, 1981.

ANTHONY, Robert N.; GOVINDARAJAN, Vijay. **Sistemas de controle gerencial**. São Paulo: Atlas, 2002.

ANTUNES. **Finanças corporativas e valor**. São Paulo: Atlas, 2003.

ANTUNES, Maria Thereza Pompa. MARTINS, Eliseu. Capital intelectual: verdades e mitos. **Revista Contabilidade e Finanças – USP**, São Paulo, n. 29. p. 41-54, maio/ago 2002.

ARIMA, Carlos Hideo. Sistemas de informações gerenciais. In: SCHMIDT, Paulo (org.). **Controladoria**: agregando valor para a empresa. Porto Alegre: Bookman, 2002. p. 79-90.

ASSAF NETO, Alexandre. **Finanças corporativas e valor**. São Paulo: Atlas, 2003.

ATKINSON, Anthony A. et al. **Contabilidade gerencial**. São Paulo: Atlas, 2000.

BADEJO, Marcelo Silveira. **Análise da agregação de custo e de valor por atividades, em uma cadeia agroindustrial**: caso do gado de corte. 2005. Tese de (Doutorado em Agronegócios) - Universidade Federal do Rio Grande do Sul, Programa de pós- graduação em Agronegócios, Porto Alegre, 2005.

BARCELLOS, Paulo Fernando Pinto. Estratégia empresarial. In SCHMIDT, Paulo (org.). **Controladoria**: agregando valor para a empresa. Porto Alegre: Bookman, 2002. p. 39-52.

BARSANTINI, Jorge. **Efectos de la inflación em la contable-financiera y métodos sugeridos para corregirla**. In: SEMINÁRIO REGIONAL INTERAMERICANO ORGANIZADO POR LA AIC Y LA FEDERACÍON DE COLEGIOS DE CONTADORES PÚBLICOS DEL PERU-LIMA, 2., p.8-11, abril 1982.

BASTOS, Norton Torres. Avaliação de desempenho de bancos brasileiros baseada em criação de valor econômico. **Revista de Administração**, São Paulo, v. 34, n. 3, jul./set. 1999.

BASTOS, Alexandre Luís Souza; PROENÇA, Adriano; FERNANDES, Amarildo da Cruz. Mais do que Orientar, Ensinar: O Balanced Scorecard e a gestão estratégica. In: ENCONTRO NACIONAL DE ENGENHARIA DA PRODUÇÃO. Salvador, 2001, 21. **Anais...** Disponível em: <http://www.gpi.ufrj.br/artigos>. Acesso em: 20 nov. 2005.

BEER, S. **Cibernética e administração industrial**. Rio de Janeiro: Zahar, 1969.

BENNETT J. W. et al. Um novo modelo para implementar a estratégia. **HSM Management**, n. 26, p. 16-22, maio/jun. 2001.

BERLINER C.; BRIMSON, James A. **Gerenciamento de custos em indústrias avançadas**: base conceitual CAM-I. São Paulo: T. A. Queiroz, 1992.

BESANKO, David et al. **Economics of strategy**. 3.ed. New Jersey: John Willey & Sons, 2004.

BIERMAN Jr., Harold; DREBIN, Allan R. **Contabilidade gerencial**. 2.ed. Rio de Janeiro, Guanabara Dois, 1979.

BOGAN, Christopher E; ENGLISH, Michael J. **Benchmarking**: aplicações práticas e melhoria contínua. São Paulo: Makron Books, 1996.

BOGGIO, Aldo J. Um modelo de documentação da qualidade para a construção civil. In: FORMOSO, C. T. (ed.). **Gestão da qualidade na construção civil**: uma abordagem para empresas de pequeno porte. Porto Alegre: Programa da Qualidade e Produtividade na Construção Civil no Rio Grande do Sul, 1995.

BORTOLI, Lis Ângela De; PRICE, Ana Maria de Alencar Price. O uso de workflow para apoiar a elicitação de requisitos. In: WORKSHOP DE ENGENHARIA DE REQUISITOS, 3. **Anais...** Rio de Janeiro: 13-14 jun. 2000.

BOXWELL, Robert J. **Vantagem competitiva através do benchmarking**. São Paulo: Makron Books, 1996.

BREALEY, Richard A; MYERS, Stewart C. **Princípios de finanças empresariais**. 5.ed. Portugal: McGraw-Hill, 1998.

BRIMSON, James A. **Contabilidade por atividades**. São Paulo: Atlas, 1996.

BRODBECK, Ângela; KALB, Luis e BREI, Vinicius. **Governança de TI - Service Level Agreement (SLA)**. GESID – Grupo de Estudos em Sistemas de Informação e Decisão, UFRGS, Porto Alegre. Disponível em: <www.ppga.ufrgs.br>. Acesso em: 26 out. 2005.

BROOKING, Annie. **Intellectual capital**: core asset for the third millennium enterprise. Boston: Thompson, 1996.

BUNCE, P..; FRASER, R.; HOPE, J. **BBRT - Beyond Budgeting White Paper**. Disponível em: http://www.beyondbudgeting.com>. Acesso em: 20 maio 2007.

CAM-I. **BBRT - Benchmarking Project**. Disponível em: <http://www.cam-i.org>. Acesso em: 20 maio 2007.

CAMP, Robert C. **Benchmarking**: o caminho da qualidade total. 3.ed. São Paulo: Pioneira, 1998.

CAMPOS, Gabriel M.; ROBLES Jr., Antônio. **Uma proposta de balanced scorecard para organização do terceiro setor**. Disponível em: <http://www.eac.fea.usp.br/eac/docentes>. Acesso em: 30 jul. 2003.

CAMPOS, José Antônio. **Cenário balanceado**: painel de indicadores para gestão estratégica dos negócios. São Paulo: Aquariana, 1998.

CAMPOS, V. Falconi. **Qualidade total**: padronização de empresas. Belo Horizonte: Fundação Christiano Ottoni, 1992.

CANNING,TQC: **controle da qualidade total (no estilo japonês)**. Belo Horizonte: Fundação Christiano Ottoni, 1993.

CANNING, **Gerenciamento da rotina do trabalho do dia-a-dia**. Belo Horizonte: Fundação Christiano Ottoni, 1994.

CANNING. **Gerenciamento pelas diretrizes**. Belo Horizonte: Fundação Christiano Ottoni, 1996.

CANNING, John B. **The economics of accountancy**. New York: The Ronald Press, 1929.

CARSBERG, Bryan V. The Contributions of P. D. Leake to the Theory of Goodwill Valuation. **Journal of Accounting Research**, Chicago, v.4, n.1, spring 1966.

CARVALHOSA, Modesto, **Comentário à Lei de sociedades anônimas**. São Paulo: Saraiva, 1998. Volume 4, tomo II.

CASTRO, João Ernesto Escosteguy; CARVALHO, Fabio. **A eficiência e a eficácia no gerenciamento da informação dos sistemas de apoio a tomada de decisão**. Disponível em: <http://www.datawarehouse.inPorlvãielof.br/artigos/sad.asp>. Acesso em: 01 dez. 2005.

CATELLI, Armando. Controladoria: **Uma abordagem da gestão econômica - GECON**. São Paulo: Atlas, 1999.

CATLETT, George R; OLSON, Norman O. Accounting for Goodwill. **Accounting Research Study**, n. 10, American Institute of Certified Public Accountants, New York, 1968.

CAVALCANTE, Francisco; TOBIAS, Afonso Celso B. **Como calcular o coeficiente beta de uma empresa de capital fechado**. Disponível em: <http.www.expresstraining.com.br>. Acesso em: 10 maio 2004.

CERTO. **CAPM – Capital Asset Pricing Model**. Disponível em: <http.www.expresstraining.com.br>. Acesso em: 10 maio 2004.

CERTO. **O que é MVA e como Calculá-lo**. Disponível em <http.www.expresstraining.com.br>. Acesso em: 15 jul 2004.

CERTO, Samuel C.; PETER, J. Paul. **Administração estratégica**: planejamento e implantação da estratégia. São Paulo: Makron Books, 1993.

CHAMBERS, Raymond J. Accounting, **Evaluation and economic behavior**. New Jersey: Prentice-Hall, 1966.

CIELO, Ivã. **Sistemas de Apoio a Decisão (SAD)**. Disponível em: <http://www.datawarehouse.inf.br/artigos/olap2.asp>. Acesso em: 01 dez. 2005.

COPELAND, Tom; KOLLER, Tim; MURRIN, Jack. **Avaliação de empresa "valuation" – calculando e gerenciando o valor das empresas**. São Paulo: Makron Books, 2000.

CORDEIRO, José V. B. de Mello. Reflexões sobre a avaliação do desempenho empresarial na era da informação: uma comparação entre a gestão do capital intelectual e o Balanced Scorecard. **Revista da FAE**, v.5, n.2, p. 61-76, maio-ago. 2002.

CORREA, Suely Angelo. **Monitoramento contínuo**: um papel pró-ativo de auditoria em prevenção de fraudes, CTO tech supply. Disponível em: <http://www.techsupply.com.br/downloads/CONBRAI%202004.ppt>. Acesso em: 12 jan. 2006.

COSO. **Enterprise Risk Management – integrated framework**. Disponível em: <http://www.coso.org/publications.htm>. Acesso em: 20 out. 2005.

COSO. **Gerenciamento de riscos corporativos – estrutura integrada**. Disponível em: <www.cpa2biz.com>. Acesso em: 10 set. 2007.

COSTA JÚNIOR, Gilberto J. A. Benchmarking – medindo o desempenho gerencial com base nas melhores práticas. In: CONGRESSO BRASILEIRO DE CUSTOS, 7., 2000.

CREPALDI, Sílvio Aparecido. **Curso básico de contabilidade e custos**. São Paulo: Atlas, 1999.

CROZZATI, Jaime. **Conceitos de mensuração e conceitos de avaliação de desempenho**: a teoria versus a prática em empresas brasileiras. Dissertação (Mestrado) – USP, Dissertação do Programa de Pós-Graduação em Contabilidade e Atuária. São Paulo, 2002.

DAMODARAN, Aswath. **Avaliação de investimentos**: ferramentas e técnicas para a determinação do valor de qualquer ativo. Rio de Janeiro: Qualitymark, 1997.

DECONTO, Edair. **O emprego de um sistema de mensuração de desempenho empresarial como instrumento de apoio ao controle gerencial de uma indústria metalúrgica**. Dissertação (Mestrado) - UFRGS, Dissertação do Programa de Pós-Graduação em Administração – Mestrado Profissional. Porto Alegre, 2001.

DOURADO, Luzia. **Apostila de COBIT 5 v1.0**. Disponível em: <http://lmdourado.files.wordpress.com/2013/10/apostila_cobit-5.pdf>. Acesso em: 04 abr. 2014.

DUARTE JÚNIOR, Antonio Marcos. **Risco**: definições, tipos, medição e recomendações para seu gerenciamento. Disponível em: <www.risktech.com.br/PDFs/RISCO.pdf>. Acesso em: 24 out. 2005.

EDVINSSON, Leif; MALONE, Michael S. **Capital intelectual**. São Paulo: Makron Books, 1998.

EHRBAR, Al. L: valor econômico agregado - a verdadeira chave para a criação de riqueza. Rio de Janeiro: Qualitymark, 1999.

ENSSLIN, L.; MONTIBELLER, G. N.; NORONHA, S. M. **Apoio à decisão**. Florianópolis: Insular, 2001.

ESTRADA, Santiago N. A doutrina contábil italiana: o controlismo ou escola veneziana. **Revista Paulista de Contabilidade**, São Paulo, n.547, p. 13-30, 1977.

ETHERIDGE, L. H. **An examination of semiotic theories of accounting accruals. Ph. D. dissertation**, Louisiana State University, 1981.

EUSO, Patrick. **Basileia II e COSO**. Disponível em: <http://www.administradores.com.br/artigos/administracao-e-negocios/basileia-ii-e-coso/64225/>. Acesso em: 03 abr. 2014.

FEBRABAN; PRICEWATERHOUSECOOPERS. **Instituições Financeiras no Brasil - Pesquisa sobre as Profissões da Auditoria Interna, de Compliance e Gestão de Riscos**. Acesso: 08/11/2009. Disponível em: <http://www.pwc.com/br/pt/estudos-pesquisas/pesquisa-auditoria-interna-grc.jhtml>. Acesso em: 03 abr. 2014.

FERNANDES, Luciane Alves. **Manual de conversão das demonstrações financeiras**. São Paulo: Atlas, 2005.

FERNANDES, Luciane Alves; PINHEIRO, Paulo Roberto; SCHMIDT, Paulo; LEAL, Ricardo. O time driven activity based consting (TDABC) dentro da gestão de lean thinking. **Revista de Negócios - UNIFIN**, Porto Alegre, mar. 2010.

FERREIRA. Luiz Eduardo Alves; VALENTE, Alceu Norberto e ASATO, Fernando. **Entendendo o COSO - (Um roteiro prático para entender os princípios do COSO)**. Disponível em: <www.auditoriainterna.com.br/coso.htm>. Acesso em: 20 out. 2005.

FIGUEIREDO, Sandra; CAGGIANO, Paulo César. **Controladoria**. 2.ed. São Paulo: Atlas, 1993.

FIPECAFI. A dinâmica das decisões financeiras. **Caderno de Estudos da FIPECAFI**, São Paulo, v. 9, n. 16, jul./dez, 1997.

FRASER, ROBIN; HOPE, JEREMY. **Beyond Budgeting**: how managers can break free from the annual performance trap. Harvard: Harvard Business School Press, 2003.

FREZATTI, Fábio. A decomposição do MVA (market value added) na análise de valor da empresa. **Revista de Administração**, São Paulo, v. 34, n. 3, jul./set. 1999.

GADIESH, O.; GILBERT, J. L. Transforming corner-office strategy into frontline action. **Harvard Review**, v. 79, n. 5, p. 72-79, maio 2001.

GARRISON, Ray H.; NOREEN, Eric W. **Contabilidade gerencial**. 9.ed. Rio de Janeiro: LTC, 2001.

GEUS, Arie de. **A empresa viva**. Rio de Janeiro: Campus, 1999.

GIL, A. L. **Qualidade total nas organizações**. São Paulo: Atlas, 1993.

GHERMAN, Marcelo. **Controles Internos - Buscando a solução adequada parte I**. Disponível em: <http://www.checkuptool.com/artigo_04.htm>. Acesso em: 25 out. 2005.

GOLDRATT, Eliyahu M; FOX, Robert E. **A corrida pela vantagem competitiva**. São Paulo: Educator, 1992.

GONÇALVES, Luís Rodrigo de Oliveira, Lockabit. **Laboratório de Redes de Alta Velocidade (RAVEL)**. Disponível em: <http://www.lockabit.coppe.ufrj.br/print.php?id=85>. Acesso em: 28 out. 2005.

GONÇALVES, Rosana C. de M. Grillo; OLIVEIRA NETO, José Dutra de. **Sistemas de controle de desempenho**: definição e projeto. Faculdade de Economia, Administração e Contabilidade (FEA), Universidade de São Paulo (USP) Campus de Ribeirão Preto, Área Temática (14): medição de desempenho gerencial, VIICB de Custos – 2000 – Recife.

HANSEN, P. B. Indicadores de desempenho gerencial. In: **Projeto Gestão Empresarial e Qualidade**. Porto Alegre: SENAI/FIERGS, 1995.

HARIED, Andrew A; IMDIEKE, Leroy F; SMITH, Ralph F. **Advanced accounting**. 6.ed. New York: Wiley, 1994.

HARRINGTON, H. James. **Aperfeiçoando processos empresariais**. São Paulo: Makron Books, 1993.

HENDRIKSEN, Eldon S.; BREDA, Michael F. V. **Teoria da contabilidade**. 5.ed. São Paulo: Atlas, 1999.

HERNANDES, Carlos A. M.; CRUZ, Cláudio Silva da; FALCÃO, Sérgio Dagnino. Combinando o Balanced Scorecard com a gestão do conhecimento. **Caderno de Pesquisas em Administração**, São Paulo, v. 1, n. 12, 2º trim. 2000. Disponível em: <http://www.ead.fea.usp.br/cad-pesq>. Acesso em: 30 jul. 2003.

HICKMAN, Craig R. **O jogo da estratégia**. São Paulo: Makron Books, 1996.

HIGUCHI, Hiromi; HIGUCHI, Celso Hiroyuki. **Imposto de renda das empresas**: interpretação e prática. 27.ed. São Paulo: Atlas,2002.

HOPE, JEREMY. **Beyond budgeting**: pathways to the emerging model, balanced scorecard. Harvard: Harvard Business School, 2000.

HORNGREN, Charles T.; DATAR, Srikant M.; FOSTER, George. **Contabilidade de custos**: uma abordagem gerencial. 11.ed. São Paulo: Prentice Hall, 2004. v. 1

HORNGREN, C. T. **Introduction to management accounting**. 10.ed. New Jersey: Prentice Hall, 1996.

HORNGREN, C. T.; JUNDEM, G. L.; TEALL, H. D.; SELTO, F. W. **Management accounting**. Toronto: Prentice Hall, 1993.

HRONEC, S. M. **Sinais vitais**: usando medidas de desempenho da qualidade, tempo e custos para traçar a rota para o futuro de sua empresa. São Paulo: Makron Books, 1994.

ISHIKAWA, Kaoru. **Controle de qualidade total**: à maneira japonesa. Rio de Janeiro: Campus, 1993.

INSTITUTO NACIONAL DE DESENVOLVIMENTO GERENCIAL (INDG). Disponível em: <www.indg.com.br/padronização>. Acesso em: 31 mar. 2005.

IUDÍCIBUS, Sérgio de; MARION, José Carlos. **Introdução à teoria da contabilidade**. São Paulo: Atlas, 1999.

KANITZ, **Contabilidade gerencial**. 6.ed. São Paulo: Atlas, 1998.

KANITZ, Stephen Charles. **Controladoria**: teoria e estudo de casos. São Paulo: Pioneira, 1976.

KAPLAN, Robert S; NORTON, David P. **A estratégia em ação, balanced scorecard**. Rio de Janeiro: Campus, 1997.

KAPPEL, Alexandre M; GABRIELI, Leandro V; CORTIMIGLIA, Marcelo N. Gerenciamento de Processos e Indicadores em Educação à Distância. **Trabalho apresentado na disciplina de Gerenciamento de Processos e Indicadores de Desempenho** – Mestrado em Engenharia de Produção. Porto Alegre: PPGEP, 2002.

KIESO, Donald E; WEYGANDT, Jerry J. **Intermediate accounting**. 9.ed. New York: Jonh Wiley, 1998.

KLEIN, David A.; PRUSAK, Laurence. **Characterizing Intellectual Capital.** Work paper do programa multicliente da Ernest & Young Center for Business Innovation, em Boston, em março de 1994.

KOTLER, Philip. **Administração de marketing**: análise, planejamento, implementação e controle. São Paulo: Atlas, 1994.

KRONMEYER FILHO, Oscar Ruy. **Orçamento base zero**. In: curso balanced Scorecard, Porto Alegre, 2003. Material didático.

KRÜGER, José Adelino. **Elaboração de procedimentos padronizados de execução dos serviços de assentamento de azulejos e pisos cerâmicos - estudo de caso.** (dissertação para a obtenção do título de Mestre em Engenharia, especialidade Engenharia de Produção, e aprovada em sua forma final pelo Programa de Pós-Graduação em Engenharia de Produção da Universidade Federal de Santa Catarina). Florianópolis, 1997.

LEAN INSTITUTE BRASIL. **Os 5 Princípios do Lean Thinking (Mentalidade Enxuta)**. Disponível em: <http://www.lean.org.br/5_principos.aspx>. Acesso em: 26 mar. 2014.

LEONE, George S. G. **Curso de contabilidade e custos**: contém custeio ABC. São Paulo: Atlas, 1997.

LUNKES, Roberto João. **Manual de orçamento**. São Paulo, Atlas, 2003.

MACHADO JR., Idacir A.; ROTONDARO, Roberto G. Mensuração da qualidade de serviços: um estudo de caso na indústria de serviços bancários. **Revista de Gestão e Produção**, São Paulo, v. 10, n. 2, p.217 a 130, ago. 2003.

MALVESSI, Oscar. Criação ou destruição de valor ao acionista. **Revista Conjuntura Econômica**, Rio de Janeiro, 2000.

MARTINS, Eliseu. **Contribuição à avaliação do ativo intangível**. São Paulo: USP, 1972. Tese (Doutorado) FEA/USP, Universidade de São Paulo, 1972.

MARTINS, Eliseu. **Contabilidade de custos**. 2.ed. São Paulo: Atlas, 1984.

MARTINS, Eliseu. **Contabilidade de custos**: Inclui o ABC. São Paulo: Atlas, 2001.

MARTINS, Eliseu. **Teoria da contabilidade**. 5.ed. São Paulo: Atlas, 1997.

MARTINS, Eliseu; GELBCKE, Ernesto R. **Manual de contabilidade das sociedades por ações**. 5.ed. São Paulo: Atlas, 2000.

MARTINS, Marco Antônio. **Avaliação de desempenho**: foco no usuário interno. São Paulo: Atlas, 2006.

MATARAZZO, Dante Carmine. **Análise financeira de balanços**: abordagem básica e gerencial. 5.ed. São Paulo: Atlas, 1998.

MANDARINO, Umberto. **Custos**. São Paulo: Atlas, 1969.

McDONNELL, Edward J. **Implantando a administração estratégica**. 2.ed. São Paulo: Atlas, 1993.

McGEE, James; PRUSAK, Laurence. **Gerenciamento estratégico da informação**. Rio de Janeiro: Campus, 1994.

MCNAMEE, David. **Para uma teoria geral da auditoria interna**. Disponível em: <http://www.auditoriainterna.com.br/tga.htm>. Acesso em: 31 out. 2005.

MILBOURN, Todd. **O charme do EVA como uma medida de desempenho**: dominando finanças. São Paulo: Makron Books, 2001.

MINAYO, M. C. S. et al. **Pesquisa social – teoria, método e criatividade**. Petrópolis: Vozes, 1994.

MINTZBERG, H.; AHLSTRAND, B.; LAMPEL, J. **Safári de estratégia**: um roteiro pela selva do planejamento estratégico. Porto Alegre: Bookman, 2001.

MIRANDA, Luiz Carlos; SILVA, José Dionísio Gomes da. Medição de desempenho. In: MONERRY, Neil. **Motivações para gerenciar o valor**: dominando finanças. São Paulo: Makron Books, 2001.

MOOJEN, Guilherme. Orçamento base zero. **Revista Brasileira de Contabilidade**, ano 11, n. 39, out./dez. 1981.

MOREIRA, Eduardo. **Proposta de uma sistemática para o alinhamento das ações operacionais aos objetivos estratégicos, em uma gestão orientada por indicadores de desempenho**. Tese (Doutorado) – UFSC, Tese do Programa de Pós-Graduação em Engenharia de Produção. Florianópolis, 2002.

MOSSIMANN, Clara Pellegrinello; FISCH, Silvio. **Controladoria**: seu papel na administração de empresas. São Paulo: Atlas, 1999.

MOTT, Grahan. **Contabilidade para não contadores**. São Paulo: Makron Books, 1996.

MOTTA, Ricardo. Balanced Scorecard: Um sistema de medição para alinhar e gerenciar o sucesso da estratégia. In: CONGRESSO BRASILEIRO DA QUALIDADE E PRODUTIVIDADE, 9., Rio de Janeiro, 1999.

MÜLLER, Cláudio José. **Modelo de gestão integrando planejamento estratégico, sistemas de avaliação de desempenho e gerenciamento de processos (MEIO – Modelo de Estratégia, Indicadores e Operações)**. Tese (Doutorado) – UFRGS, Tese do Programa de Pós-Graduação em Engenharia de Produção. Porto Alegre, 2003.

NAKAGAWA, Masayuki. **ABC custeio baseado em atividades**. São Paulo: Atlas, 1994.

NIVEN, Paul R. **Balanced scorecard step by step**: maximizing performance and maintaining results. New York: Jonh Wiley & Sons, 2002.

OLIVEIRA. **Balanced scorecard step by step**: for government and nonprofit agencies. New York: Jonh Wiley & Sons, 2003.

OLIVEIRA, Djalma de Pinho Rebuças de. **Planejamento estratégico**. 6.ed. São Paulo: Atlas, 1995.

OLIVEIRA. **Excelência na administração estratégica**: a competitividade para administrar o futuro das empresas. 4.ed. São Paulo: Atlas, 1999.

OLVE, Nils-Göran; ROY, Jan; WETTER, Magnus. **Condutores de performance**: um guia prático para o uso do "balanced scorecard". Rio de Janeiro: Qualitymark, 2001.

OSTRENGA, Michael R. et al. **Guia da Ernst & Young para gestão total dos custos**. Rio de Janeiro: Record, 1993.

OTLEY, D. **Management control**: theories, issues and practices. London: Macmillan, 1995.

PADOVEZE, Luís Clóvis. **Controladoria Estratégica e operacional**: conceitos, estrutura, aplicação. são paulo: Pioneira Thomson Learning, 2003.

PADOVEZE **Contabilidade gerencial**: um enfoque em sistemas de informação contábil. 3.ed.São Paulo: Atlas, 2000.

PAGNONCELLI D.; VASCONCELLOS FILHO, P. **Sucesso empresarial planejado**. Rio de Janeiro: Qualitymark, 1992.

PANHOCA, Luiz. **Contabilidade como linguagem**. Disponível em: <http://www.wmulher.com.br/template.asp?canal=trabalho&id_mater=1713>. Acesso em: 11 nov. 2005.

PATON, Claudecir. **O uso do Balanced Scorecard como sistema de gestão estratégica**. Disponível em: <http://www.contabeis.ufpe.br>. Acesso em: 20 ago. 2003.

PFLAEGING, N. **Beyond budgeting**: como gerenciar o desempenho para obter um melhor resultado. Seminário International Business Communications (IBC). São Paulo, 2003.

PIDD, M. **Modelagem empresarial**: ferramentas para tomada de decisão. Porto Alegre: Bookman, 1998.

PLOSSL, George W. **Administração da produção**: como as empresas podem aperfeiçoar suas operações para tornarem-se mais competitivas e rentáveis. São Paulo: Makron Books, 1993.

POLLONI, Enrico G. F. **Administrando sistemas de informação**. São Paulo: Futura, 2000.

PORTER, M. E. **Competitive strategy**: techniques for analyzing industries and competitors. New York: Free Press, 1980.

PORTER, M.E. **Estratégia competitiva**: técnicas de análise de indústrias e da concorrência. Rio de Janeiro: Campus, 1986.

PORTER, M.E. **Vantagem competitiva**: criando e sustentando um desempenho superior. Rio de Janeiro: Campus, 1991.

PREINREICH, Gabriel A. The law of goodwill. **Accounting Review**, dez. 1936.

PYHRR, Peter A. **Orçamento base zero**: um instrumento administrativo prático para avaliação das despesas. Rio de Janeiro: Interciência; São Paulo: USP, 1981.

PYHRR, Peter A. **Zero-base budgeting**: a practical management tool for evaluating expenses. New York: John Wiley and Sons, 1973.

RADEBAUGH, Lee H. **International accounting and multinational enterprise**. 4.ed. New York: Wiley, 1997.

RASKIN Sara Fichman. **Desenhando a estrutura organizacional**: autoridade e controle. Disponível em: <http://www.pr.gov.br/batebyte/edicoes/2002/bb123/teoria.htm>. Acesso em: 17 jan. 2006.

REZENDE, Cátia Gontijo. **Conceitos e perspectivas em sistemas de informação e de apoio a tomada de decisão**. Disponível em: <http://www.serpro.gov.br/publicacao/tematec/publicacao/tematec/2003/ttec68>. Acesso em 01 dez. 2005.

REZENDE, José Francisco de Carvalho. **Balanced Scorecard e a gestão do capital intelectual**: alcançando a mensuração equilibrada na economia do conhecimento. Rio de Janeiro: Campus, 2003.

RIBEIRO, Osni Moura. **Contabilidade geral fácil**. São Paulo: Saraiva, 1997.

RICCIO. **Contabilidade de custos fácil**. São Paulo: Saraiva, 1997.
RICCIO, Edson Luis. Novos paradigmas para a função controladoria. In: ENCONTRO NACIONAL DA ASSOCIAÇÃO NACIONAL DOS PROGRAMAS DE PÓS-GRADUAÇÃO EM ADMINISTRAÇÃO, 17., Salvador, 1993.

RODRIGUES, Alberto Almada. Orçamento de base zero. **Revista do Conselho de Contabilidade do Rio Grande do Sul**, Porto Alegre, n.25, p. 17-37, 1980.

RODRIGUES, José dos Reis Gonçalves; NUNES. Patrícia Maria. **O balanced scorecard enquanto núcleo de business intelligence**: um poderoso habilitador da excelência das decisões sobre temas qualitativos e estratégicos nas organizações modernas. Disponível em: <http://fiber.com.br>. Acesso em: 15 ago. 2003.

ROEHL-ANDERSON, Janice M.; BRAGG, Steven M. **Controllership - the work of the managerial accounting**. 7.ed. New York: John Wiley & Sons, Inc., 2004.

ROLL, R. Investor valuation of accounting information: some empirical evidence. **Journal of Bussines**, n. 45, p. 225-57, 1972.

ROSA, Eurycibiades Barra. Desempenho de Sistemas Organizacionais – Uma Análise Sistematizada. In: SIMPÓSIO DA ENGENHARIA DA PRODUÇÃO, 10., Bauru, São Paulo, 2003.

ROSS, Stephen A.; WESTERFIELD, Randolph W.; JAFFE, Jeffrey F. **Administração financeira**. São Paulo: Atlas, 2002.

RUMMLER, G. A.; BRACHE, A. P. **Melhores desempenhos das empresas**. São Paulo: Makron Books, 1994.

SÁ, Carlos Alexandre; MORAES, José Rabello. **O orçamento estratégico**: uma visão empresarial. Rio de Janeiro, Qualitymark, 2005.

SANTOS, José Luiz dos. **Avaliação de ativos intangíveis**. São Paulo: Atlas, 2002.

SANTOS, José Luiz dos. **Contribuição à avaliação econômica de ativos intangíveis**. 2005. Tese (Doutorado) - UFRGS, Universidade Federal do Rio Grande do Sul, Porto Alegre, 2005.

SANTOS, José Luiz dos. **Fundamentos de avaliação de empresas**: foco no fluxo de caixa descontado teoria e prática. São Paulo: Atlas, 2005.

SANTOS, José Luiz dos; LEAL, Ricardo. Time-Driven Activity Based Costing (TDABC). **Revista Iberoamericana de Contabilidad de Gestión**, Asociación Interamericana de Contabilidad (A.I.C.), y Asociación Española de Contabilidad y Administración de Empresas (A.E.C.A.), Madri, Espanha, v. 7, n. 14, jul.-dic. 2009.

SANTOS, José Luiz dos; SCHMIDT, Paulo. **Contabilidade societária**: atualizado pela Lei 10.303/01. São Paulo: Atlas, 2002.

SCHMIDT, Paulo. **Controladoria**: agregando valor para a empresa. Porto Alegre: Bookmann, 2002.

SCHMIDT, Paulo. **História do pensamento contábil**. Porto Alegre: Bookman, 2000.

SCHMITT, Rita R. Ketzer. **Desenvolvimento de um modelo de Balance Scorecard para uma entidade de previdência complementar**. Dissertação (Mestrado) - UFRGS, Dissertação do Programa de Pós-Graduação em Economia - Mestrado Profissional. Porto Alegre: 2004.

SERRA, Laércio. **Desmistificando o Balanced Scorecard**. Disponível em: <http://www.itcom.com.br>. Acesso em: 20 ago. 2003.

SHANK, Jonh K.; GOVINDARAJAN, Vijay. **A revolução de custos.** 2.ed. Rio de Janeiro: Campus, 1997.

SHANK, Jonh K. **Planning and measurement in your organization.** Norcross: Industrial engineering and management Press, 1989.

SINK, D. S. **Productivity management**: planning, evaluation, control and improvement. New York: John Wiley and Sons, 1985.

SLACK, Nigel. **Vantagens competitivas em manufatura**. São Paulo, Atlas, 1993.

SOARES, Cristina Ristori Dias. **Desenvolvimento de uma Sistemática de Elaboração do Balanced Scorecard para Pequenas Empresas**. Dissertação (Mestrado) – UFRGS. Dissertação do Programa de Pós-Graduação em Engenharia da Produção – Mestrado Profissional. Porto Alegre, 2001.

STARKWEATHER, Robert C. Procedure manuals: a practical approach to on the job training. In: ANNUAL QUALITY CONGRESS, 46., 1992, Nashville. **Transactions...** Milwaukee: American Society for Quality Control, 1992. p. 606-612.

STEINER, George A. **Strategic planning**. New York: Trade Paperback, 1997.

STERN, Joel M. **Eva valor econômico agregado a verdadeira chave para a criação de riqueza**. Rio de Janeiro, 1999.

STEWART, Thomas A. **Capital intelectual**: intellectual capital. Rio de Janeiro: Campus, 1998.

TOBIAS, Afonso Celso. Estudo de caso: balanced scorecard em uma empresa de varejo. **Up-To-Date**, n. 239. Disponível em: <http://www.expresstraining.com.br>. Acesso em: 30 jul. 2003.

TUDE, Eduardo. **Tutoriais Banda larga e VOIP**. Disponível em: <http://www.teleco.com.br/tutoriais/tutorialsla/default.asp>. Acesso em: 27 out. 2005.

TUTTLE, T. C.; TUTTLE, T. C. **Planejamento e medição para a performance**. Rio de Janeiro: Qualitymark, 1993.

VALÉRIO, Sérgio Lages. **Balanced Scorecard**: um estudo de caso. Dissertação (Mestrado) – Universidade Federal do Rio Grande do Sul, Escola de Administração, Programa de Pós-Graduação em Administração. Porto Alegre, 2002.

VARIAN, Hal R. **Microeconomia**. Rio de Janeiro: Campus, 2003.

VICECONTI, Paulo Eduardo V.; NEVES, Silvério das. **Contabilidade de custos**. 2.ed. São Paulo: Frase,1994.

WALTER, Fábio; BORNIA, Antonio Cezar; KLIEMANN NETO, Francisco José. Análise comparativa de duas metodologias para elaboração do Balanced Scorecard. In: ENCONTRO NACIONAL DA ASSOCIAÇÃO NACIONAL DOS PROGRAMAS DE PÓS-GRADUAÇÃO EM ADMINISTRAÇÃO. **Anais...** Florianópolis, 24., 2000. Disponível em: <http://www.anpad.org.br>. Acesso em: 09 dez. 2003.

WARD, Keith. **Strategic management accounting**. Oxford: British Library, 1993.

WELSCHI, Glenn Albert. **Orçamento empresarial**. 4.ed. São Paulo: Atlas, 1983.

WERNKE, Rodney; LEMBECK, Marluce. Valor econômico adicionado. **Revista Brasileira de Contabilidade**, São Paulo, n. 121, jan./fev. 2000.

WESTERFIELD, Randolph; JORDAN, Bradford D. **Princípios de administração financeira**. São Paulo: Atlas, 1998.

WESTON, J. Fred; BRIGHAM, Eugene F. **Fundamentos da administração financeira**. 10.ed. São Paulo: Pearson Education, 2000.

WHITE, Gerald I.; SUNDHI, Ashwin P. C; FRIED, Dov. **The analysis and use of financial statements**. 2.ed. New York: Wiley, 1998.

WINJUM, James. Accounting in its age of stagnation. **The Accounting Review**, New York, p. 743-761, oct. 1970.

WOMACK, James P.; JONES, Daniel T. **A mentalidade enxuta nas empresas – lean thinking – elimine o desperdício e crie riqueza**. 6.ed. Rio de Janeiro: Elsevier, 2004.

YIN, Robert K. **Planejamento financeiro e orçamento**. 2.ed. Porto Alegre: Sagra, 1998.

YIN, Robert K. **Estudo de caso**: planejamento e métodos. 2.ed. Porto Alegre: Bookman, 2001.

ZAFFANI Carlos Alberto. **Informação gerencial**: o calcanhar de aquiles nas empresas. Disponível em: <http://www.calcgraf.com.br/content.php?recid=132>. Acesso em: 01 nov. 2005.

ZAIRI, Mohamed; LEONARD, Paul. **Benchmarking prático**: o guia completo. São Paulo: Atlas, 1995.

ZDANOWICZ, José Eduardo. **Fluxo de caixa**: uma decisão de planejamento e controle financeiros. 6.ed. Porto Alegre: DC Luzzato, 1995.

www.ingramcontent.com/pod-product-compliance
Ingram Content Group UK Ltd.
Pitfield, Milton Keynes, MK11 3LW, UK
UKHW022006190726
13853UKWH00004B/1775